开发头脑益智游戏系列

让孩子更聪明的
思维游戏

主　编：陶红亮

编　委：郝言言　苏文涛　薛英祥　薛翠萍　唐传皓
　　　　唐文俊　王春晓　史　霞　马牧晨　张宁宁
　　　　白　兰　赵　杨　马方超　张　霞　李　伟

绘　图：李　权

四川科学技术出版社

图书在版编目(CIP)数据

让孩子更聪明的思维游戏／陶红亮主编. —成都：
四川科学技术出版社，2016.9(2017.8 重印)
ISBN 978 – 7 – 5364 – 8438 – 2

Ⅰ．①让… Ⅱ．①陶… Ⅲ．①智力游戏 – 儿童读物
Ⅳ．①G898.2

中国版本图书馆 CIP 数据核字(2016)第 215225 号

让孩子更聪明的思维游戏
RANG HAIZI GENG CONGMING DE SIWEI YOUXI

出 品 人	钱丹凝
主 　编	陶红亮
责任编辑	谢 伟
封面设计	冰河文化工作室
责任出版	欧晓春
出版发行	四川科学技术出版社
	成都市槐树街 2 号　邮政编码 610031
	官方微博:http://e.weibo.com/sckjcbs
	官方微信公众号:sckjcbs
	传真:028 – 87734035
成品尺寸	169mm × 240mm
	印张 12.75　字数 280 千
印 　刷	四川华龙印务有限公司
版 　次	2016 年 9 月第一版
印 　次	2017 年 8 月第二次印刷
定 　价	28.00 元

ISBN 978 – 7 – 5364 – 8438 – 2

前　言
FOREWORDS

　　父母都希望自己的孩子在学校能成为优秀的学生，那么，什么是优秀的学生呢？随着社会发展、时代变迁，认真听课、成绩优异、思想品德良好等已经不再是优秀学生的全部内容。快速发展的现代社会，要求学生多方面发展，并且要具备不同的能力，以此迎接未来的挑战。单一的课堂学习、书本学习，已经不能满足社会发展的需要。

　　对孩子来说，玩是天性，有些孩子可能不喜欢学习，但是很少有孩子不喜欢游戏。通过游戏获取知识，这是一件很美妙的事情。在轻松愉快的游戏中锻炼自己多方面的能力，把抽象和深奥的说教变成简单、直白的场景画面，应用自己所学的知识分析问题，最终找出答案，从而达到了学习的目的。

　　如果把人类全部的能力比喻成一块良田的话，我们所开垦的仅仅是良田的一角。如果我们能开垦出更多的良田，无疑会让我们得到更大提升。要构造自己的思维大厦，只有全身心投入观察和思考中，才能发现隐藏在面纱下的真面目，而这个过程会让你受益无穷。思维游戏会让我们的头脑越来越聪明。在思维游戏中需要的发散思维、形象思维、创新思维、逆向思维等，是现代学生所必须具备的能力。

　　在启发思维的过程中，侦探推理有非常重要的作用，因为侦探推理能开启人的心灵、拓宽人的视野、启发人的智慧，有目的地培养人的观察能力、推理能力、分析能力、创造能力和想象能力，对锻炼人的思维有很大好处。更能锻炼人侦探能力的就是侦探游戏，它是一种刺激性、挑战性兼备的游戏，它会让我们在侦破案件的过程中展露出超强的推理、分析能力。面对书中虚拟的扑朔迷离的案件，通过正确的推理，再加上对知识、常识的了解，一瞬间豁然开朗。

　　如今，逻辑能力越来越受到人们的重视。在世界著名公司的招聘面试中，有关逻辑能力的题目是必考的内容。逻辑能力之所以备受重视，主要原因在于逻辑能力较强的人，其思维也非常活跃。逻辑思维是人的一种潜在能力。通常来说，每个人的逻辑能力并非一成不变，它如同一个永远都挖不尽的宝藏，只要懂得基本规则和技巧，就能获得提升。逻辑游戏能最大限度激发推理潜能，拓展想象能力。

我们在做游戏的过程中，不但动手，而且动脑。在做游戏时，我们可以把课堂、书本上所学的知识应用在实际操作中，学以致用，提高认知能力，增强学习兴趣，从而激发创造能力、想象能力。在科学游戏中，集中了自然地理、水、光、电、磁和动植物等，同时也涉及生活中的方方面面，通过游戏揭示了日常的各种奇异现象，让我们进一步了解这个神秘的世界。

游戏的世界是充满想象的，游戏的世界是充满好奇的，游戏的世界是神秘的，这就需要我们开动脑筋、动手尝试。书中的游戏以简便、形象、直观的形式呈现在读者面前，不仅包罗万象，而且趣味横生，融知识性、趣味性于一体。本书从不同角度，力求面面俱到，最大限度地提高读者的综合能力，让读者在游戏中获得知识，在游戏中收获快乐。

游戏能让人的心情愉悦，思考能让人充满智慧。在游戏中思考，在游戏中动手，在动手中感受知识带给我们的神秘魅力。从现在开始，走进本书，畅游在游戏的世界中，在过程中发展、提升我们的各项能力，让我们一起发展、一起进步、一起领略这个多姿多彩的世界。

［温馨提示：书中（P××）为答疑解惑所在页码］

目录 CONTENTS

第一章　发散思维，打破定式见真知

第二章　文字游戏，咬文嚼字的智慧

让孩子更聪明的思维游戏

第三章　形象思维，越玩越聪明

让孩子更聪明的思维游戏

第四章　创新思维，难能可贵是创造

第五章　逆向思维，让你聪明翻倍

第六章　异想天开，挑战高智商

让孩子更聪明的思维游戏

第七章　语言思维，发现语言背后的秘密

第八章　类比思维，领略别样魅力

让孩子更聪明的思维游戏

第九章 判断训练，掌握正确的思维规律

第十章　综合思维，拓展你的思考范围

第一章

发散思维，打破定式见真知

巧移水壶塞

吉米十分口渴，他急忙拿起水壶，往一个圆柱形的水杯里面倒水。这时候，水壶塞不小心掉到了水杯里面。当时水杯里只有半杯水，水壶塞紧紧地贴在靠近杯壁的地方。吉米想了个办法，没有碰水杯，也没有用工具，就让水壶塞自己浮到了水杯的中央。

你知道他是怎么做到的吗？（P147）

赛马结果

杰克、汤姆、约翰和亨利每人有一匹马，他们骑马进行了四次比赛。结果，杰克赢了汤姆三次，汤姆赢了约翰三次，约翰又赢了亨利三次。

可能你会以为亨利的马跑得最慢，但事实上亨利却赢了杰克三次。

你知道这究竟是怎么回事吗？（P147）

最简便的还钱方法

四个农民工一起进城，他们经常相互借钱，每个月月底再还账。

这个月他们借钱的情况是这样的：甲向乙借了10元，乙向丙借了20元，丙向丁借了30元，丁向甲借了40元。

最少动用多少钱他们就能还完彼此的欠款呢？（P147）

王奶奶的破房

王奶奶独居在一处小村庄里面，由于没有儿女，她的生活十分贫困。就连她家里的房顶都有好几块破裂的地方，但是，奇怪的是，这间房子有时候会漏雨，有时候又不漏雨。

你知道这是为什么吗？（P147）

多语言的小镇

王明、张超、李丽和孙静四人都是中国人，王明会说德语和法语，张超会说日语和韩语,李丽会说德语和意大利语,孙静会说拉丁语和葡萄牙语,他们一同去国外一个小镇旅游。

这个小镇上通行许多种语言,他们在小镇上找到了一个用法语写的旅游指南,王明看完了之后,用德语把内容讲给李丽听。

那么,你知道他们两个怎么告诉其他两个人上面的内容吗?(P147)

神枪手

新兵训练的时候,李明刚刚学会开枪没多久,班长就要求他用眼罩把眼睛蒙上,一只手握着手枪,将一个帽子挂起来,然后向前走50米,之后转身射击。要求子弹必须要射穿帽子。

你知道李明是怎样做到的吗?(P147)

父亲的主意

汤姆和约翰是两兄弟,他们都是富家子弟,父亲给他们每人买了一辆相同的跑车。没想到的是,他们总是晚上偷跑出去到公路上飙车。为了阻止两个人的疯狂举动,他们的父亲想了一个办法。

这天,父亲将他们叫到房间,对他们说:"今天晚上你们两个驾驶着我给你们买的跑车比赛,跑得慢的那辆车的车主就可以随我一起到澳洲旅游。"正当父亲为自己的主意得意的时候,管家却跑来通风报信,说两位少爷又出去飙车了,而且速度比之前还要快。

你知道这是为什么吗?(P147)

怎样涂篱笆

凯莉一家搬到了新房子,家里的后院有一座小花园,但是花园的篱笆上还没有涂油漆。凯利想帮父母干点活,于是父母告诉他,她可以帮忙去把篱笆的油漆涂上。家里面只有红、绿、蓝三种颜色的油漆,但是父母却要求她把篱笆涂成黄色的。

你知道凯莉应该怎样做吗?(P147)

三年前的西服

周末的一天,布朗敲开了警长莱恩的家门,他身边跟着一个体格健壮的男人。

布朗对警长说:"这位肌肉健壮的男士是约翰先生,他告诉我说自己研制了一种可以迅速使人的肌肉发达的秘方,只需要半年的时间,就可以迅速增加肌肉,体重也会增加。他为了研究这项秘方,省吃俭用,已经花费了所有的积蓄,身上穿的这套西服还是三年前买的呢。你不是想要提高警务人员的身体素质吗?干脆支持一下这位先生好了。"

这时候，莱恩警长打断了布朗的话，说道："我的老朋友，你被这位约翰先生骗了！"警长为什么会这样说呢？（P147）

巧拿玻璃球

玛丽正在看电视，但是她的妹妹杰西卡却总是缠着她，非要让玛丽陪她做游戏。于是，玛丽对杰西卡说："一会儿我往一个袋子里面放上一白一黑两个玻璃球，然后你伸手进袋子里面去抓，如果你能够抓到黑色的玻璃球，我立刻陪你去做游戏。如果你抓不到，就要听话，不许再胡闹了。"

杰西卡似乎很感兴趣，但是她却偷偷地看到玛丽往袋子里面装了两个白色的玻璃球。

杰西卡还有可能让玛丽陪她做游戏吗？（P147）

神奇的鸡蛋

小兰总是喜欢吹牛，这次，他跟同学们说："我拿着一个生鸡蛋，让鸡蛋自由下落，地上不放任何东西，但我能让鸡蛋下落1米却不会摔碎。"同学们又认为小兰是在吹牛，但是这次小兰却真的做到了。

你知道小兰是怎样做到的吗？（P147）

信封上的数字

一天，小王想出去买些东西，但是妻子上完晚班刚睡下。他打开抽屉，看见里面有一个信封，上面写着86，里面装着一些钱，小王就拿着钱去超市了。

结账时，收银员告诉他一共是90元，他把信封递过去，然后又从自己兜里掏出4元零钱递过去。结果，点完钱之后，收银员又退给了他12元。

你知道这是为什么吗？（P147）

同问不同答

晚上，一位朋友发了一个QQ消息给李明，向他问了一个问题，李明很痛快地回答了他。过了一会儿，又一个朋友发QQ消息给他，并且问了同样的问题，可是，李明这次却回答不知道。

李明和两位朋友的关系都很好，他为什么会做出不同的回答呢？（P147）

奇怪的邻居

史密斯先生和布朗先生是同事又是邻居，他们住在同一个院子里面，两个人每天一起走路去上班。奇怪的是，每天早上史密斯先生出门后总是向右走，而布朗先生总

是向左走。

你知道这是为什么吗？（P148）

马虎的小赵

小赵是刚毕业的大学生，他来到一家律师事务所工作，但是常常因为马虎遭到上级批评。

这天，上级要求他把10份文件按照分类归档，结果分完之后他才发现有一份文件装错文件袋了，于是他把这件事告诉了上级。没想到上级对他说："你什么时候能不这么马虎？"

小赵只是装错了一份文件，为什么上级还会说他马虎呢？（P148）

小华的肚量

院子里有一个大水壶，足足能够装下5千克重的水。现在水壶是满的，边上放着一个大碗，能装下0.5千克的水。小华需要5秒钟才能喝完碗里的水。小华指着那个大水壶对他的小伙伴说道："我能够10秒钟之内让水壶变空。"

你觉得小华能做到吗？（P148）

环球旅行的梦想

小明和小丽是两位小学生，他们的家住在北京。

这天，老师给他们留了一个假期作业，题目是"我的梦想"。小明在作文中写道："我的梦想是环游世界。以后我要乘着飞机一直向北飞，一定能绕地球飞行一圈，最后再回到北京。"小丽写道："我的梦想是环游世界，我要坐船一直向着南方行驶，这样就能绕地球一圈再回到北京。"

那么，如果按照他们的说法，他们的梦想能够实现吗？（P148）

迈克的体重

迈克是班上最胖的人，同学们总是嘲笑他。这天他对同学们说道："我最胖的时候就是现在了，足有90千克，但是我最轻的时候却只有3千克呢。"听了这话同学们都摇头表示不相信。可是，班主任却说迈克说的应该是真话。

那么，你知道迈克说的是真是假吗？（P148）

汽车的方向

史密斯先生驾驶着他的新车在一条笔直的东西向公路上行驶，当时他车头朝东。可是，当他停下车的时候，汽车却停在了离他原来停车的地方3千米的西方。

这究竟是怎么回事呢？（P148）

天平称糖

一天，玲玲的妈妈让她照看商店。一个顾客想要购买散称的糖，要求3块糖的重量都比40克大，但都达不到80克，可是商店里只有一个能称80克以上的物品重量的天平。这下可急坏了玲玲，妈妈又因为有事不在商店，这要怎么办呢？

同学们，你们能帮玲玲想想办法吗？（P148）

吊桥奇事

在一个古老吊桥的对岸有一个荒草不生的孤岛。一个男子长途跋涉后想过桥去孤岛歇息一下。可是当他想返回对岸时，刚在吊桥上走了两三步，吊桥就发出咯吱咯吱的响声，摇摇欲坠，似乎支撑不住他的身躯，而且，这个男子不会游泳。不管他怎么叫喊，周围一个人影都没有。

6天过去了，这一男子在孤岛上绞尽脑汁，未想出办法。可是到了第7天，他却顺利走过了吊桥。

你知道吊桥上为什么会发生这种奇事吗？（P148）

找错钱的老板

李明来到那家经常在那里购物的干果店，对店主说："今天上午我来你这里买了500克瓜子，你在找钱时算错了6元钱。"

店主听后，绷着脸说："你当时为什么不说？都过去了这么长时间你才过来，中间来了那么多顾客，我又怎么记得少找了你6元钱，你走吧，就算错了我也不会再找给你了！"

李明见到店主这么说，没有对他冷漠的态度生气，而是耐心解释。店主听了李明的解释后十分惭愧。

你知道这是为什么吗？（P148）

不同数字的相同点

某所小学的数学老师很注重培养同学们的发散思维能力，培养其善于发现事物的规律，善于寻找事物的异同点和内在联系，她认为这是每个学生必须具备的基本素质与技能。一天，在课堂上，她在黑板上写下了两个数字：1357,2468，并让同学们寻找其相同点。

你能全面地说出这两组数字的相同点是什么吗？（P148）

谁是偷瓜人

一天，在集市上，一名瘦弱的男青年趁集市上人多，以为摊主不注意偷了两个西瓜就要抱走。摊主把他拦下后，正巧这时有个妇女抱着小孩从他旁边经过。这个男青年把西瓜迅速丢弃，然后诬陷那名妇女说："这个女人偷了瓜。"

妇女当然不肯承认。周围的人没有看见是谁偷了西瓜，你有办法判断谁是偷瓜人吗？（P148）

兄弟姐妹

春节期间，明明家里来了一群兄弟姐妹，其中有兄妹两人在互相开玩笑。哥哥说自己所拥有的姐妹的人数比兄弟的人数多一个，妹妹也学着哥哥的语气说："我所拥有的兄弟的人数比姐妹的人数少一个，对吗，哥哥？"

这两句话看似意思相同，但是你不妨再思考一下，妹妹说的话有道理吗？她所拥有的姐妹比兄弟是多还是少呢？（P148）

被弄混的鞋

鞋店里刚运进了一批运动鞋，一共48双，可是送货员当时因为匆忙，没有来得及将每双鞋装箱，而是都给弄混了，两个不同方向的鞋都混在一起，左脚上的鞋被装进了红箱子，右脚上的鞋被装进了白箱子，那么你知道红箱子鞋子的数量与白箱子鞋子的数量刚好相同的这种情况，100次里能有几次吗？（P149）

转硬币

在一节数学课上，老师手中拿着一枚一角钱的硬币，面向同学们给大家做了一个演示。他拿着这枚硬币任意转了5次，停下来后看桌面上的硬币都是正面朝上。

然后他停了一下，指着手中的硬币，对大家说："同学们，如果我再将硬币转一次，假设不受任何外力的影响，那么反面朝上的概率是多少呢？"（P149）

暗中取球

在一个纸箱里有红色和绿色的小球各9个，假如你在黑暗中取球，那么你至少要拿出几个小球才能保证取到两个颜色相同的小球呢？（P149）

"不孝顺"的李明

李明的妈妈出差，要到几个城市去。妈妈离开家里已经3个多月了，因工作忙，从没有来过一封书信，没给家里打过一个电话。

有邻居问李明："明明，你真是个不孝顺的孩子，你都这么长时间没有收到妈妈的信息了，难道你就不想给妈妈打个电话，就不担心她吗？"

但李明却说："我天天都知道妈妈在哪个城市做什么事情，又有什么可担心的呢？"邻居听了，却百思不得其解。

你知道李明说出这样的话原因何在吗？（P149）

狼与梅花鹿

一只饥饿的狼发现有一只肥胖的梅花鹿被关在铁笼里。这只梅花鹿太肥了，因此，它不能从笼子的缝隙中钻出来。

而这只狼却因为饿了几天，骨瘦如柴，它能够从笼子的缝隙间挤进去，但它如果吃了这只梅花鹿，肚子就会太胀了，也就钻不出笼子了，可是这只狼必须尽快想出办法来，否则到了明天，就有猎人带着枪来巡视。

你知道这只狼应该如何吃掉那只梅花鹿吗？（P149）

惊险的车祸

一天晚上，大学生小李在与同学聚会回来的途中，由于贪杯多喝了点酒，脑子有些迷迷糊糊，跟跟跄跄地走在公路上。

当走到十字路口时，他看到似乎绿灯亮了（其实是红灯），就向前要穿过公路。可是，突然间，有急速行驶的车冲他开了过来，两个车前灯离他越来越近，在一眨眼的瞬间，车子从小李的身旁飞驰而过，车子消失在黑暗中，顿时无影无踪。

如果小李确实是站在公路中央，难道车子会穿过小李的身体吗？张开双腿的小李吓得呆站在公路上，睁大双眼，一动也不动。

你知道这究竟是怎么一回事吗，小李是如何逃脱一场惊险的车祸呢？（P149）

船只遇难的秘密

一天晚上，汤姆关上灯就上床睡觉了。第二天早晨，他打开电视想要收看一下早间新闻，电视上却报道了一场可怕的沉船惨剧，一百多人遇难了，而事故发生的原因正在进一步调查当中。

汤姆看完后，顿时一脸苍白的神情，不断地对其他人重复说："都是我的错。"同宿舍其他人看完新闻后一头雾水，并对他说："你整个晚上都没有起来过，这件事跟你有什么关系呢？"

你知道这里面的秘密吗？（P149）

机智排险

间谍密特罗从日本窃得一份军事情报回来，正要赶回自己的国家。为了不让别人发现，在返回的途中，他装扮成一个渔翁，假装在海边垂钓，等候接自己回去的潜水艇。

但是正在他坐在岸边垂钓的时候，日本相关人员发现了这个惊天秘密，并沿着间谍的轨迹追踪到海滩。密特罗见到日本直升机后大吃一惊，他因为当时走得太匆忙，什么武器都没带，手上只有鱼竿和钓鱼线，要怎样才能排除险情呢？（P149）

地理学家死亡之谜

在西藏的珠穆朗玛峰峰顶上发现一具来研究地貌的地理学家的尸体。尸体旁有一块好像玻璃熔化了似的石头。而地理学家就是被这块石头击中头部致死的，他那戴着防寒帽的脑袋也被砸开花了。

然而，现场四周只留着被害人的足迹，却没有发现凶手的足迹。更令人奇怪的是石头凶器，这里覆盖着千年的厚厚冰雪，不露地面，连个石头渣都没有。

那么，被害人究竟是被谁所害呢？（P149）

消失的钱

3个准备考会计从业资格证的大四学生，在校外报了一个会计培训课程冲刺辅导班，每人交了100元钱。他们将300元钱交给课程顾问后，再交到会计那里去。会计找回50元钱。课程顾问中间私吞了20元钱，只还给他们30元。

3人分30元钱，每人退回10元钱，合计每人付了90元钱，加在一起共计270元钱。再加上课程顾问私吞的20元钱，一共290元。怎么也与付账的钱对不上。

同学们，你们知道到底是哪里出了问题吗？（P149）

男同学和女同学

某大学为今年即将毕业的本科生召开毕业典礼，活动进行到最后一项是给优秀毕业生颁发奖章。

小丁望了望和自己一样站在领奖台上接受表彰的同学，对站在旁边的小吴说："女同学还真的很优秀呢，占了三分之一。"小吴也看看说："哪有那么多，也就占四分之一。"他们都没说错，那么站在领奖台上的到底有多少男同学，多少女同学呢？（P149）

猫吃鱼

一天下午，一个渔翁从河里钓了一些又肥又大的鲤鱼，他打算第二天把它们拿到集市上卖个好价钱。他把盛放鲤鱼的水桶放在家里的庭院里，为了防范猫把鱼吃掉，他把家里养的一只小花猫用3米长的绳子拴住脖子，然后把它牵到一个石墩旁。一切都安排妥当之后，他就踏踏实实地回屋子里睡觉去了。

可是第二天渔翁醒来时却发现水桶里的鱼已经被猫吃掉了一半，当然，绳子很结实，也没有断，更没有人解开它。

同学们，你们知道这只小花猫是怎么吃掉鱼的吗？（P149）

分　羊

牧羊人史蒂芬孙死去了，根据他所留下的遗嘱，他的财产将会分配给他的三个儿子，但是在分配的过程中却出现了棘手的问题。

原因是牧羊人有17只羊，根据遗嘱，老大分1/2，老二分1/3，老三分1/9，但是17不能被2,3,9整除，这三个兄弟生怕自己分的比对方少，于是争论得面红耳赤。

这时邻居一个智者过来了，当他了解情况后，很快就按遗嘱分了羊，而且没有杀死一只羊，并让三个好兄弟又和好如初，没有任何怨言。

同学们，你们知道智者是怎么分的吗？（P149）

断开的铁轨

在某小学的一次科技课上，老师给同学们讲述了一些关于城市地铁中存在的一些鲜为人知的情况。他对大家说："我们这一条铁轨的通行线路，其中有1千米是断开的。"

同学们听完后，吓了一跳，很多同学躁动不安起来。有一个同学心惊胆战地问老师："那断开的铁轨岂不是很危险，我每天乘坐地铁上学，怎么没有感觉到呢？"

老师却告诉同学们："大家且放心，这没有关系，我们的地铁通车10年了，一直没有出现任何故障，请不要担心。"

你知道这是怎么一回事吗？（P150）

遗产分割

一位地主因病不幸去世，他临终前将4500元钱和一份遗书交给了他的妻子。他的妻子马上将面临生产。

妻子打开遗书，上面这样写道：如果生的是儿子，那么母亲应分得儿子份额的1/3；如果生的是女儿，母亲就该分得女儿份额的两倍。

可是他的妻子在他去世的第二天生育了一对双胞胎——一男一女。这名产妇实在不知道该如何分配这笔遗产，于是她请教了当地一位有名的律师来帮她解决这个难题。

你知道该如何分割这笔遗产吗？（P150）

过 桥

两辆同时行驶要赶回县城的汽车，由于其中一辆汽车出现了故障不能继续前行，不得不由另外一辆汽车用钢索拖着前进。走了一段后，前方突然遇到了一座大桥，长约3米。桥头的标志牌上赫然写着：最大载重量25吨。然而，前面的汽车重20吨，后面的坏汽车重10吨，明显超过了大桥的载重量，如何才能过得了这座桥呢？

两辆汽车同时过桥的话会超重，而一辆一辆过的话坏车就只能停在原地不动了。我们不妨试想一下，如果在连接两辆车的钢索上想办法，那么问题是不是就可以迎刃而解？（P150）

走关口

我国古代实行重农抑商的政策，所以对商人人身自由多有限制。其中有一条规定特别有意思：只要是商人带着商品每经过一个关口，就要被没收一半的硬币，再退还一枚。有个商人在经过了10个关口之后，只剩下两枚硬币了，那么我们能否计算出这个商人最初有几枚硬币呢？

这个问题看起来似乎是一个很难的数学题，但是如果逆向思考一下，很快就能知道问题的答案。这是个聪明的商人，为避免关口无厘头的责令罚款，那不妨装个"穷光蛋"好了，也就是说他最初只不过拿着两枚硬币而已。（P150）

悬疑案件

一天晚上，住在宾馆的一位律师被人枪杀。经过警方初步侦查，得知凶手是从30米外的屋顶用无声手枪射中他的。

窗户上有一个子弹洞，窗户是关着的。从这种情形看，凶手应该只开了一枪，但令人匪夷所思的是，这位律师的腿部和胸部都中弹了——大腿被子弹射穿，胸部也留有子弹。这样看来，凶手好像开了两枪。如果凶手真的开了两枪，那么另一颗子弹是从哪里射入宾馆的呢？那颗子弹又去哪里了呢？

大家无法解释这个悬疑案件，最后还是请来了福尔摩斯侦探，他肯定地回答："中了一枪。"福尔摩斯为什么这样说呢？（P150）

不合格的乒乓球

某体育制品厂新生产一批乒乓球，他们将每100个装在一个盒子里，6个盒子为一箱。在推向市场之前,体育制品厂必须把这些乒乓球送到质检局检验。一天,体育制品厂收到紧急通知:这一箱乒乓球里,有几个盒子中的每一个都超重1毫克。

如果每一盒都取出一个乒乓球来称量,那么需要称600次才能查出不合格的乒乓球。你能不能想出一个好办法,称一次就把问题解决了呢?(P150)

三姐妹的衣柜

小丽有两个妹妹,她们三姐妹拥有3个并排却不相通的衣柜,每个衣柜上都有两把钥匙。三姐妹平时总喜欢穿对方的衣服,那么请问:如何安排衣柜的钥匙才能保证小丽三姐妹随时都能打开每个衣柜呢?(P150)

巧分苹果

春节期间,李明家里来了5位客人,李明想用梨招待客人,可是家里只剩下5个梨,根本就不够分了,应该每个人都有份(李明也想享受一下和大家一起吃梨的气氛),可是不给谁吃也不合适,那就只能把梨切开了,可是切太小也不好,李明想每个梨最多切3块。

由此又面临一个新问题:给6个人平均分配5个梨,每个梨又不能分到3块以上。这可如何是好?李明想了一下,终于灵光一闪,心生一计。

你知道李明是怎么做的吗?(P150)

爆胎的小轿车

一位司机驾驶着小轿车从旅游地游玩回来,途中忽然有一个轮胎爆了。当他把轮胎上的4颗螺丝拆下来放到地上,从工具箱里把备用轮胎拿出来时,突然间刮起一阵风将4颗螺丝都吹到了悬崖下。

这段长长的路途中既没有一家修理汽车的公司,也看不到一户人家,他又不可能再去悬崖下捡那几颗螺丝,这可怎么办呢?

这位司机要怎样做才能使小轿车安全地开到距离最近的修车厂?(P150)

烤面包

一次数学课上,老师给大家出了一道这样的题目:有一个烤箱一次只能烤两个面包,烤一面所需要的时间是1分钟。

老师问同学们:你们能在3分钟的时间里烤好三个面包吗?(注:面包的两面都是需要烤的。)(P150)

巧倒牛奶

有一个盛放900毫升牛奶的圆桶和两个空杯子,一个能盛放300毫升,另一个能盛放500毫升。那么要怎样倒才能使每个杯子都有100毫升?(注:不允许使用别的容

第一章 发散思维,打破定式见真知

器,也不允许在杯子上作标记。)(P151)

测白醋

有这样一个外形怪异的瓶子,其下半部分是长方形,占整个瓶高的2/3,上半部分为梯形,占瓶高的1/3。而当前瓶内的白醋只剩少半瓶,如何在不打开瓶盖的情况下,用直尺测量白醋占整个瓶子的密度呢?

这样一个瓶子如果要测量其容积简直比登天还难,有没有更简单的方法来计量呢?如果只是测量两者的高度来得出结果是不是可以化繁为简呢?(P151)

蚂蚁乘凉

一个炎热的夏天,一棵白杨树的绿叶上爬着一只娇小的蚂蚁,炙热的阳光晒得它浑身滚烫。于是它想爬到树叶的下面乘凉。

可是要爬到树叶下面必须通过边缘上一条封闭曲线的棱,但是这条棱没有任何支点。如果要通过这条棱,一定会有"坠崖"的危险,以蚂蚁弱小的身躯摔到大树下一定摔死了。蚂蚁想了想:硬闯是不能解决问题的,所以需要想一点点技巧才可以。

你知道这只蚂蚁想了一个什么样的技巧吗?(P151)

哪个温度降得快

在同样的条件下,把两杯不同温度的奶茶放到同一个冰箱里,哪个温度降得快呢?是温度高的一杯还是温度低的一杯呢?(P151)

红辣椒和绿辣椒

杰克的妻子玛丽是个炒菜能手,她能做出各式各样的美味佳肴。一天,杰克对玛丽说:"我知道你很能干,无论多么难做的菜你都能挑战,但是我自信有一种菜你绝对做不出来。"玛丽立即回答:"从与你结婚到现在还没有我炒不出来的菜,你说吧,到底是什么菜?"

杰克诡异地笑了一下,然后说:"用一个锅同时炒红辣椒和绿辣椒,炒熟后往外一倒,红辣椒与绿辣椒自然分开,你能炒出来吗?"(P151)

猜 谜

贝贝缠着奇奇玩捉迷藏的游戏,奇奇拗不过他,便想出个好主意。奇奇对贝贝说:"我现在给你出个谜,如果你能回答出谜底,我就陪你玩;如果不能,那么你以后再也不许缠着我了。"贝贝答应了奇奇的要求。

于是奇奇说："在一个星球上，当你扔出一块石头，它只在空中飞了一小段距离后就向你的方向飞回来，当然它绝不是碰到什么东西被弹回来。"

你知道奇奇说的是哪个星球吗？（P151）

平均分配

两只小熊为如何平均分配一块蛋糕争吵得不可开交。这时，熊妈妈过来了，没办法，它们只好把解决不了的问题交给熊妈妈来处理。

结果还是熊妈妈给它们出了一个绝妙的点子，两只小熊高高兴兴地均分了这块蛋糕。

你知道熊妈妈出了一个什么点子吗？（P151）

路程与时间

在一个风平浪静的天气里，李明从A地开车赶往B地，车速为每小时70千米，途中并无坡道，只有一处关卡需要收高速公路通行费。过关时并没有等待，交了钱就开车走了，共用了70分钟。

回来时仍是按照原来的路线，在收费处也一刻没有耽误，车速也一样。可是李明到了目的地一看表，却用时1小时10分钟。

同学们，你们知道这是怎么一回事吗？（P151）

没有驾驶员的轿车

一天，在高速公路的高架桥上发生一起严重的交通事故，警察赶到现场后，经过调查，发现高架桥发生坍塌，一辆卡车和八辆轿车都掉了下去。其中卡车摔得稀烂，八辆轿车都压在卡车上，也摔得面目全非，卡车司机当场死亡，但是令人疑惑的是，八辆轿车的司机并不在驾驶室，并且找不到人，这让警察感到疑惑不解。

那么，你能猜到其中的奥秘吗？（P151）

衣柜里的樟脑丸

一天警察局接到报案，报案人说在自家衣柜里发现了一具尸体，让警察赶紧去。于是探长马上赶到案发现场。报案人住在别墅里，而且周围没有其他住户。

当探长进入别墅后，别墅主人要求探长马上破案。探长安抚了当事人，然后走到衣柜旁边，看见尸体躺在里面，而且旁边放着一些衣服和几颗樟脑丸。死者是被人用利器刺进心脏导致死亡，但在周围却没有发现指纹。

探长问别墅主人："你住在这里吗？"别墅主人回答说："虽然我是别墅的主人，但我两年没有回家了，我是做建材生意的，经常不在家，妻儿也在外国。这里已经空了两年，今天回来原本想看看房子，整理一下衣服，没想到竟然发现了尸体。"探长看着衣柜，让人把别墅主人带回警察局，并且对他说："你就是凶手。"

探长为什么认定别墅主人就是凶手呢？（P151）

谁是绑匪

一天夜晚，警察局接到一个报案电话，本市著名企业家王东的儿子被人绑架了，凶犯一开口就要50万元赎金，并且讲述了交赎金的具体办法：用普通包裹邮寄，地址是本市东营路338号，葛伟收。凶犯还威胁王东说："如果敢报警，你永远都见不到你儿子。"王东很慌张，再三考虑，还是报了案。因为人命关天，所以警察也不敢轻举妄动。老刑警亲自乔装成推销员，前往所说的地址，但是发现门牌号和人名都是虚构的。莫非绑匪不要钱了，这是绝对不可能的。他灵机一动，终于知道绑匪的真实面目。（P152）

应该藏在哪里

小明最崇拜的人就是福尔摩斯，他的志向就是考取警察学校，幻想自己能成为福尔摩斯那样的人，破获一件件神秘的案件。爸爸很支持小明的这一想法，并且时常问小明一些问题。

一次，爸爸又给小明出了一道题：一粒沙子藏在什么地方最不容易让人发现？人藏在什么地方最不容易被发现？小明思考了一会儿，灵机一动，回答了父亲的问题，父亲很满意他的答案。

那么，小明的答案是什么呢？（P152）

第二章
文字游戏，咬文嚼字的智慧

老人的年龄

春天的清晨，公园里面时常欢声笑语，因为晨练的许多老人早就聚集到这里了。这时候，公园新来的管理人员小赵看到一棵桃树下面三位白发老人聊得正高兴，虽然他们看起来年岁不小了，但是神采奕奕。于是，小赵上前询问："您三位今年高寿啊？"

三位老人看了看这位新来的小伙子，笑而不语，其中两位老人转身在地上写下了"末""本"，另一位老人则写下了"白"。

小赵有些迷惑，但是又仔细想了想，终于悟出了其中的玄机。

那么，你能猜到三位老人的年龄吗？（P152）

巧对谜题

芳芳和兰兰是两位小邻居，两个人经常坐在一起玩猜谜游戏。

这天，芳芳问兰兰："你猜猜'砌墙'是哪句成语？"兰兰思考了一会儿，接着对芳芳说："我知道是什么了。不过，我可以用另一个谜语回答你的问题，那就是'先到者住楼下'。"

两个小伙伴说完后都高兴地笑了，那么你能猜出他们说的谜语答案是什么吗？（P152）

客栈的菜单

一个秀才进京城赶考，住在京城一家客栈里面。为了能专心读书就和老板商量，两个人签订一份契约，由老板负责秀才的日常饮食。老板拿了一份契约给秀才看，上面写着"没有鸡鸭也可以没有鱼肉也可以青菜豆腐不可少"。秀才看了觉得很好，于是给了店老板一大笔银子，但老板每天送来的饭菜却只有青菜豆腐。秀才找到老板理论，老板却拿出契约给秀才念了一遍，秀才听完老板的话，差一点晕过去。

你知道这是为什么吗？（P152）

苏轼问对

传说，北宋文学家苏轼和高僧佛印十分交好，两个人经常相互拜访。

这天，佛印刚刚烧好一道鱼摆上桌，小沙弥就进屋报告"苏轼到访"。佛印为了不让苏轼发现自己偷偷开荤，顺手将自己用的磬扣在了鱼盘上面。

苏轼进来后发现有鱼的香味，于是对佛印说："刚才我在一家人的门口看到一副对联，上联是'向阳门第春常在'，可是下联却没有了。我一时想不出下联，所以特来请教啊！"

佛印回答说："这是一副众人皆知的对联啊，你今天怎么这样健忘呢？下联不就是'积善人家庆有余'嘛。"

苏轼恍然大悟似的说道："是啊，你说得对，说得对！"边说还边笑着。这时候佛印却面红耳赤了。

你知道这是为什么吗？（P152）

猜词谜

猜谜是我国古代人民常玩的游戏，文人和百姓都非常喜爱。其中文人还创作出许多诗谜和词谜。下面就是一则词谜，你能猜出谜底吗？（打两个字）

两字同，四竖又三横。形状高低恰相反，低者深下如池井，高者似嶂屏。（P152）

天下第一味

古时候，几个商人一同赶路，中午来到一家酒楼吃饭。

这时候，商人李三开口说："各位，大家赶路也累了，我问问大家可知道'天下第一味'是什么吗？"赵武张口就说："那当然是我们家乡的糖醋排骨了，那绝对是人人交口称赞啊！"李瑞想了想说："我看是臭豆腐吧，虽然闻着臭，但吃到嘴里却口齿留香，这等奇怪的美味才是天下第一味吧。"还没等孙老大说话，李三赶紧劝住大伙，说道："我说的不是菜，这是个字谜，你们大伙再猜。"

你知道李三说的是什么吗？（P152）

郑板桥的智慧

清朝的时候，郑板桥到一个小县城当官，他在街上遛弯，发现一家人的门口挂着一副对联，上联是"二三四五"，下联是"六七八九"。于是命令随从去买两袋大米和一些御寒的衣物。随从虽然奇怪，但也赶紧去办了。回来后，郑板桥命令他把买来的东西给那家人送过去，结果那家里正好住着两位孤苦无依的老人，正需要这些东西呢。

那么，郑板桥是怎样知道这件事情的呢？（P152）

谜语戏秀才

城里有一个秀才，自认为有些才学，看不起干粗活的老农民，大家都很讨厌他。

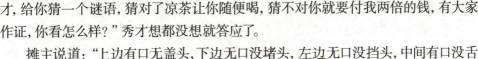

这天，天气很热，秀才从外面赶路回来，路过一个卖凉茶的小摊，于是跟摊主说："卖茶的，赶紧给我倒碗凉茶！"摊主一看是那个讨厌的秀才，灵机一动，说道："秀才，给你猜一个谜语，猜对了凉茶让你随便喝，猜不对你就要付我两倍的钱，有大家作证，你看怎么样？"秀才想都没想就答应了。

摊主说道："上边有口无盖头，下边无口没堵头，左边无口没挡头，中间有口没舌头。"秀才想了半天却答不上来，于是灰溜溜地走开了。

你知道谜语的答案是什么吗？（P152）

幽默的妻子

妻子正在家里准备晚饭，突然发现缺少一样东西，于是打电话给自己的丈夫，告诉他下班后去帮她买一样东西。丈夫询问需要买什么，妻子这时候跟他玩起了猜谜游戏，说道："我要买的东西，从左往右念，喝在心里甜，从右往左瞧，会飞不是鸟。你自己好好想想，可不要买错了啊！"

你能帮这位丈夫想出妻子要买的东西吗？（P152）

人事经理的谜语

小李应聘了一份工作，通知他去复试，于是小李精心收拾了一番，打扮得精精神神地就去了。到了公司，人事经理跟他聊了一会儿，接着递给他一张纸，让他回去。他看看那张纸，上面写着："三山倒挂，二月相连；上有可耕田，下有流水川。"小李十分疑惑，难道自己表现不好，没被录取？

正当他失望的时候，突然明白了那几句话的含义，高兴地跳起来，原来他已经被录取了。

你知道那几句话是什么意思吗？（P152）

书童猜谜

一天早上，明代文学家冯梦龙起床之后，发现院子里的桃花开得非常美，于是命人去请自己的好友到家中赏花。接着对身边的书童说："你去拿一样东西到院子里面。"书童忙问："您是要拿什么东西？"这时候只听冯梦龙吟了一首打油诗："有面无口，有脚无肉，有好喝酒，有好吃肉。"书童听完后愣在那里，不知道应该怎么办。

你能帮书童想出冯梦龙要他拿的东西吗？（P152）

巧解"一盒酥"

三国时候，曹操帐下有一位谋士杨修，他为曹操出了很多好主意。

一次，有人给曹操帐中送去了一盒酥糖，曹操想了想，提笔写了一张纸条"一盒酥"放在了那盒酥糖上，接着叫众位大臣进帐商议军情，自己却带着随从离开了。

一会儿，赶来商议军情的大臣们到齐了，大家看到桌上放着的酥糖都感到很奇怪。杨修却走上前去拿起酥糖给大伙分了起来。众位大臣都不敢吃，他却说："这是丞相分给咱们的，大家放心吃吧。"

　　你知道杨修为什么会这么说吗？（P152）

纪昀题字

　　清朝的大贪官和珅修了一座书斋，众位大臣前去道贺。纪昀也受到了邀请，碍于情面，他只好前去。一行人看到书斋外面竹林郁郁葱葱，新苞丛生，十分清雅。

　　这时候，和珅对纪昀说："大学士满腹经纶，就请为我这个书斋题几个字吧。"纪昀很痛快地提笔写下了"竹苞堂"三个大字。和珅一看，正好和书斋的景色相映衬，高兴得很，还命人将字做成匾额挂在书斋门口。

　　后来，乾隆皇帝来到和珅府上，随意闲逛的时候看到书斋的匾额，于是笑道："你啊，又上当了！"

　　你知道乾隆皇帝为什么这么说吗？（P153）

牧童指路

　　几个商人打算进京买一些货物，眼看天色渐晚，打算找一家客栈歇息。这时候，他们正好走到一个十字路口，于是走近路边一位放牛的牧童，询问附近哪里有客栈。牧童没有说话，用木棍在地上写了一个"朝"字，然后又擦掉了半边，剩下"月"的一边。接着就赶着牛离开了。商人们仔细琢磨了一会儿，终于明白了牧童的意思。

　　那么，商人们应当往哪边走呢？（P153）

秀才得画

　　明朝时候，有一个人拿出一幅画到大街上叫卖，那人说："都来看看啊，这可是唐伯虎的画，这幅画是一个字谜，要是你能猜对了，这幅画就送给你了，如果你猜不对，那就只能用一百两银子买了。"

　　众人围拢过来，发现画上是一个人正牵着一条黑狗在湖边散步。正当大家议论纷纷的时候，一个秀才扑通一下趴到了地上，一声不吭。大家被秀才的举动吓了一跳，接着就嘲笑起他来，说他为了得到画竟然下跪。可是秀才只是趴在那里，看样子又不像是下跪。

　　那人看了看秀才，将他扶了起来，接着把画交给了他。

　　你知道究竟是怎么回事吗？（P153）

门上的玄机

　　齐白石是我国著名的画家，很多人慕名而来，向他拜师学艺。也有很多人想要向他求一幅画，他家门前总是十分热闹。

这天，他的几个学生前来拜访，发现门上竟然贴着一个大大的"心"字，大家都感到不解，这时候，一个细心的学生说："咱们还是回去吧，看来先生今天不想见人。"众人疑惑，但还是随着他离开了，路上那位学生讲出了自己的理由。第二天，一行人再次来拜访，这次门上贴了一个大大的"木"字，学生们高兴地进屋了。

你知道究竟是怎么回事吗？（P153）

巧骂财主

清朝时候，一个小县城的土财主和官府勾结，害得百姓受了不少苦。这天，财主新修了一座宅子，于是想要让当时的大书法家郑板桥为他写一块牌匾。

没想到，一向痛恨这个财主的郑板桥竟然一口答应了，提笔就写了"雅闻起敬"四个大字，但是他要求匠人在油漆匾额的时候，只能漆一三四个字的左半边，"闻"只能漆外面的"门"。财主为了得到郑板桥的字什么条件都一口答应。

挂匾当天，财主当着众人解开盖在上面的红绸子，结果大家都哈哈大笑起来。财主气得火冒三丈。

你知道这是为什么吗？（P153）

兄弟猜谜

苏洵、苏轼和苏辙三父子都是北宋的大文学家，他们经常一起交流诗文。

这年大年初一，苏轼、苏辙兄弟两人一大早推门出来，就看见天上下着鹅毛大雪，院子里面早就被厚厚的雪覆盖了，景色十分漂亮。

兄弟两个人骑马出去赏雪，来到一处山坡，苏轼忍不住诗兴大发，吟了一句诗："雨余山色浑如睡。"苏辙一听哥哥给他出了一个字谜，于是用一首诗回答了哥哥提出的字谜。"此花自古无人栽，一夜北风遍地开。近看无枝又无叶，不知何处长出来。"

你能猜出两兄弟所指的是什么吗？（P153）

婆婆卖瓜

几位举人进京赶考，由于天气炎热，大家都感觉十分口渴，但是身上的水已经喝完了。正当大家口渴难受的时候，看到前边有一片瓜地，一位婆婆正在边上卖瓜。

几个人一看就来了精神，快步上前跟婆婆买西瓜。婆婆看看几个人，说道："看你们的打扮，应该是求学的书生吧。那我就考考你们，要是答对了，西瓜你们随便

吃!"几个人一听更精神了,忙让婆婆提问。于是婆婆说道:"四个小字颠倒颠,四个八字紧相连,四个人字不相见,一个十字站中间。你们说说这是一个什么字啊?"

几个人想了想说:"我们也用一个谜语来给你答案吧。'此物世上不算少,没有此物不得了;年纪活到八十八,还是人人都需要'。"

听完他们的回答,婆婆喜笑颜开,连忙让大家吃西瓜解渴。

你知道他们的谜语说的是什么吗?(P153)

贤人猜字

孔子和他的几个得意门生坐在一起讨论问题。

子路说:"在'上'里却不在上边,就是'下'。"

子贡说:"在'下'里却不在下边,就是'上'。"

子夏说:"上也不是上,下也不是下。"

颜回说:"不上有不下,上里有下里也有。"

你知道他们是在说什么吗?(P153)

语文老师的诗谜

小赵是一位语文老师,为了让他的课堂更加活跃有趣,他在给同学们讲课的时候,会经常穿插一些故事或者游戏。这天,他在黑板上写了一首诗,让大家猜一个成语。诗的内容是"火烧山倒,树毁多少,大人不在,云力自烧"。每句诗是一个字,你能猜出这是一个什么成语吗?(P153)

有趣的字

有这样一个字谜:"去上面是字,去下面是字,去中间是字,去上下是字。"

你能猜到这是什么字吗?(P153)

字母表的问题

英语字母表中的第一个字母是A,第二个字母是B,那么字母表最后一个字母是什么呢?(P153)

巧过独木桥

山里有两个小村庄,两个村子中间有一座南北向的独木桥,只能容许一个人从上面走。这时候,两个村子里面分别来了一个人,他们一个人要向北去,另一个人从南来,两个人要同时过河,应该怎么办呢?(P153)

糖罐子

小明有一个糖罐子,里面能装下3千克的糖,现在将罐子倒空,一次放进一颗25

克的糖块,那么放进多少糖块后,罐子就不再是空罐子了? (P153)

聋哑人和盲人

镇上住着一个聋哑人和一个盲人。这天,聋哑人到商店里面买钉子。他将左手的食指立在柜台上,右手握拳,做出用锤子锤东西的动作。售货员给他拿来一把锤子,他摇摇头,又做了一遍动作,然后举了举左手的食指,售货员明白了他的意思。

一会儿,盲人来商店买剪刀,那么他应该怎么做呢? (P153)

违章的司机

城市里面有一个专门为行人开设的十字路口,按照规定,只要有行人从路口经过,不管从哪个方向过来的汽车都必须停下来,给行人让路。住在城市里面的每一个人都知道这条规矩。

约翰是这座城市里面的一位公交车司机,这天很多行人正在通过这个路口,这时候,却看见约翰一下子全速冲进人群,站在一旁的交通警察却对他视而不见。

你知道这是为什么吗? (P153)

曹操考儿子

曹操不仅是一位奸雄,并且在文学上还有很深的造诣。他的儿子曹植更是一位著名的文学家。这天,他给曹植出了一个字谜:"一对燕子绕天飞,一只瘦来一只肥;一年四季来一次,一月倒要来三回。"

曹植想了想很快说出了答案。

你能想到曹操说的是什么字吗? (P153)

老农的谜题

小明的爷爷老王是一位勤劳的农民。这天,老王干完活从地里面回来,小明十分懂事地帮老王扇扇子。这时候,老王对小明说:"这样,爷爷给你出一个谜语,看你能不能猜出来啊!"小明高兴地让爷爷快说。老王喝了一口水,开口说道:"不是雨露不是泉,不是溪流也有源,在家少来下地多,它和勤劳紧相连。"

小明歪着脑袋想了想,再看看爷爷,一下子就明白了。

你知道老王出的谜题指的是什么吗? (P153)

聪明的琳琳

二月又到了,小明的妹妹琳琳又要过生日了。他用自己平时攒下的零花钱给琳琳买了一块蛋糕,琳琳看到后就想吃。这时候,小明拿起蛋糕对琳琳说:"我来考你一个题目,你要是答对了这个蛋糕才能给你吃。"琳琳虽然着急吃蛋糕,但还是很有自信地说道："你说吧，我一定能猜出来。"小明说道："二月身相靠，非朋又非冒，若当昌字猜，你算猜错了。"

琳琳想了想，接着说出了答案。

你知道小明出的字谜答案是什么吗？（P153）

秀才巧添字

以前，有一个大贪官十分让人痛恨，但是他却想要留个美名，还找人写了一首诗贴在大堂外面。那首诗写道："一不要钱，二不要命，三不要官，死不要名。"

一位曾经受过这个贪官迫害的秀才知道后非常气愤。他在每句诗后面添了两个字，然后教给村里面的小孩，让他们到街上去唱。街上的人听了之后都笑话贪官。

你知道秀才在后面加上什么字吗？（P153）

王安石考书童

北宋的王安石想要找一个机灵又有才学的小孩做自己的书童。这天，他的管家领着一个十四五岁的男孩进书房来了。他看了看这孩子，双眼炯炯有神，长得也很讨人喜欢，决定考考他的才识，于是随口说道："一月又一月，两月共半边；上有可耕田，下有流水川；一家有六口，两口不团圆。"男孩听完王安石的话，连忙道谢，说道："多谢先生收留重用。"

你能猜到王安石的意思吗？（P154）

官员的奏折

明朝的时候，有一个地方遭受洪灾，当地百姓没有得到及时的救助，朝廷的赋税也没有减少。告老还乡的一个官员不忍心看着百姓受苦，写了一封奏折呈给皇上："泥河发大水，淹了五百村，漂走一万户，还望开皇恩。"皇帝看完奏折，罢免了当地全年的捐税。

后来，一位奸臣向皇帝进献谗言，说："当地一共才一百多个村庄，怎么可能淹了五百，漂走一万呢？"于是皇帝找来那位官员质问。这时候他给皇帝解释了自己的奏折，皇帝就将他放了。

你知道他是怎么说的吗？（P154）

才子巧化险

明成祖朱棣命令当朝才子解缙在一把西北风光的扇子上面题写王之涣的《凉州

词》，解缙提起笔写道"黄河远上白云（间）一片孤城万仞山羌笛何须怨杨柳春风不度玉门关"。

写完后，朱棣欣赏起扇子来，他发现解缙写漏了一个"间"字，想要治解缙的欺君之罪。这时候，解缙不慌不忙的解释一番，朱棣立刻龙颜大悦，还好好奖赏了他一番。

你知道解缙是怎样解释的吗？（P154）

对联妙读

祝枝山和唐伯虎一样是明朝的一位才子，平日里也很痛恨贪官。

一年除夕夜，一个贪官找到他，让他写两幅春联。祝枝山二话没说，提笔写下了下面两副春联。

明年逢春好不晦气

终年倒运少有余财

此地安能居住

其人好不悲伤

贪官十分生气，要治祝枝山的罪。这时候，祝枝山却跟贪官解释说自己写的是好联，没有别的意思。过了一会儿，贪官果然眉开眼笑。

你知道祝枝山和他说了什么吗？（P154）

巧背圆周率

山村里面有一个教书先生，他经常在上课的时候跑到后山的一座寺庙里面，跟他的一位好朋友饮酒取乐，然后留一堆枯燥的作业给学生们做。

这天，他又要去喝酒，于是让学生们将圆周率小数点后22位都背出来。很多人怎么也记不住那么多，只有一位学生背下来了。他回来的时候，那位学生说道："山巅一寺一壶酒，尔乐苦煞吾，把酒吃，酒杀尔，杀不死，乐尔乐。"同学们听了都哈哈大笑，先生又气又乐。

那么，你能根据那位学生的话背出圆周率后22位吗？（P154）

巧骂叛国贼

五代十国时期，冯道背叛旧主，投靠了敌人，这让全国的百姓都十分痛恨他。

那天，正值冯道七十大寿，新皇帝特意为他举办寿宴。为了讽刺他，有人偷偷地在他家门口贴了一副对联"一二三四五六七，孝悌忠仪礼义廉"。冯道看后连忙让人将对联取下。

那么，你知道对联的含义吗？（P154）

猜字谜

有这样一个非常经典的字谜："一不出头，二不出头，三不出头。不是不出头，是不出头。打一个字。"

你能猜出这是一个什么字吗？（P154）

李白品醋

据说，唐代诗人李白赶了一天的路，十分口渴，但四下望去，附近只有一家醋店。于是，李白心想："没有酒水喝点醋也能解渴啊。"想着就进了店里面。

他跟老板说明了情况，老板十分爽快地递给他一碗醋，他接过去就一饮而尽。接着吟了一首打油诗："一人一口又一丁，竹林有寺没有僧，女人怀中抱一子，二十一日酉时生。"

店家听了李白的打油诗，连忙拱手道谢。

你知道李白的诗是什么意思吗？（P154）

巧言解困境

史密斯是一位高级军官，经常参与一些机密行动。

这天，他来到一位朋友家中做客，结果朋友向他提了一些事关机密的问题，史密斯有着严格的军事素养，当然不会泄露秘密，但是，他又不想让朋友感到为难。这时候，史密斯灵机一动，想了一个十分巧妙的办法，避免了回答朋友的问题。

你知道史密斯是怎样说的吗？（P154）

最佳裁缝店

法国巴黎是时尚之都，有很多著名的服装设计师。相传，很久以前，在城内就有一条小街，街面上有三家裁缝店为了竞争到更多顾客，使出了各种方法，其中有一种就是时常更换店面的招牌。

这天，其中一家挂出了"欧洲最佳裁缝店"的招牌，接着另一家也赶紧挂出"世界最佳裁缝店"的招牌，当第三家店铺挂出招牌后，另外两家彻底傻眼了。

你知道第三家店挂出了什么招牌吗？（P154）

狡猾的短信

公安机关严密监视着一伙盗窃团伙，准备等找到有力证据将他们一网打尽。

这天，侦查人员截获了他们发出的短信："吾合分昌盍旮垄聚鑫"，看样子又是一个谜题。

那么，你能想办法找到真正的答案吗？（P154）

伍子胥猜谜

战国时期，吴国大臣伍子胥第一次上殿见君王，他文武双全，赢得了众位大臣的连连赞赏。这时候，相国站出来想要考考伍子胥，于是出了一个谜题，说道："东海有大鱼，无头又无尾，丢了脊梁骨，一去直到底。"相国话音刚落，伍子胥就说出了答案。这时候，他又给相国出了一个谜题："出东海，入西山，写时方，画时圆。"

这两个谜语的答案其实都是一个，但是相国却答不上来了，那么你知道答案是什么吗？（P154）

听故事猜成语

这天，老师站在讲台上对同学们说道："一会儿我给大家讲一个故事，请大家根据这个故事猜一个四字成语。"同学们一个个精神饱满等着听故事。

老师说道："从前，有一位店老板十分小气。一次，他让店里面的伙计帮他买酒，却不给伙计钱，还口口声声地说：'你要是不用钱就能买来酒才算得上会办事呢！'伙计知道老板抠门，争辩也不会有结果的，于是拿着酒壶出门了。过了半个时辰，伙计回来了，双手恭恭敬敬地交给老板一个空的酒壶，老板大怒，他却笑着说：'老板，没酒也能喝，你才算是会喝酒啊！'故事讲完了，谁知道答案是什么呢？"

你知道这是什么成语吗？（P154）

浪子过年

财主的儿子从小娇生惯养，不学无术，财主死后没几年，家财就败尽了，他也就从富少爷变成了穷小子。大年夜里，他连下锅的米都没有，于是在门口贴了一副对联："行节俭事，过淡泊年。"姨夫看见了，就给他背了一袋米和一块肉过来。然后撕下门上的对联，又给他在两边加了一个字。看完姨夫写的对联，他羞愧不已，从此改过自新，浪子回头。

那么，姨夫在对联上面加了什么字呢？（P154）

父母的职业

一位知府到县城巡视，路上看到一个小孩十分可爱，于是走上前问小孩："你的父母是做什么的啊？"没想到小孩丝毫不怕，还对知府说道："慈父肩挑日月，家母手转乾坤。"知府听完，哈哈大笑，连夸小孩聪明，还要认他为义子。

那么，小孩的父母究竟是做什么的呢？（P154）

秀才的姓氏

一高一矮两位进京赶考的秀才在一家酒馆相遇，于是两人一起饮酒。

高个秀才开口问道："仁兄贵姓？"矮个秀才回答："夏商之时夜间光。"接着回问高个秀才：“老弟贵姓？”高个秀才回答："颠来倒去都是头。"两个人相互会心一笑。

那么，你能猜出他们分别姓什么吗？（P154）

深层含义

城内有一家米店的老板经常以次充好，缺斤少两，坑骗百姓的钱财，但是他是县令的亲戚，又是一家独大，百姓们有苦难言。

为了继续壮大生意，米店老板扩大了门面，还请城里面的大书法家替他题字。书法家欣然接受，给他提了一个"恳"字，老板一看就想到了"勤勤恳恳"，十分高兴，马上命人将字装裱好，挂在了新开的店铺正中央。

但是，后来一位老者告诉他，那个字有别的内涵，气得米店老板一把将那字撕碎了。

你知道"恳"字隐含了什么意思吗？（P154）

改联骂官

从前，有一户官宦人家，平时经常仗势欺负乡邻。为了显示权势，过年的时候在大门口贴了这样一副对联："父进士子进士父子皆进士，婆夫人媳夫人婆媳皆夫人。"

第二天一早，他家里的管家打开大门，发现有人偷偷地在对联的相同的三个字上面各加了一两笔。这样，对联的意思就完全变了。于是，管家赶忙撕下了对联。

你知道对联被改成什么样了吗？（P154）

公主之死

皇帝有一个女儿，是菊妃所生。皇帝十分宠爱菊妃，对这个女儿更是爱护有加。可是，公主却被人杀害了，皇帝非常伤心，命人一定要查出凶手。一天，他正在看奏折的时候，发现一封匿名信夹在了一堆奏折里面。信中写道：可以提供杀死公主的凶手的线索，只要皇帝在下面的几个字上面各加上一笔，就能知道谁是凶手。

那几个字分别是"菜、如、禾、七"，奇怪的是"如"字的"口"少写了左边的一竖。

你能猜到凶手的名字吗？（P155）

巧对哑谜

一天，佛印陪苏轼泛舟河上。苏轼看到岸上一条黄狗在啃一根肉骨头，于是用手指着让佛印看，自己则笑而不语。佛印顺手望过去，想了想，接着将自己手中苏轼为他题诗的折扇扔进了河水里面。

苏轼和佛印两个人对视了一会儿,大笑起来。

你知道两人这样做是什么意思吗?(P155)

聪明的儿媳

张员外的儿子娶了一个漂亮媳妇,四邻交口称赞,但是张员外夫妇却总是认为,光长得漂亮不行,聪明伶俐才是最重要的。

这天,夫妇两人决定考一考这个儿媳,于是把她叫过来说道:"一会儿你到厨房里面,给我们拿点东西。"儿媳一听连忙问:"您二老想要点什么啊?"这时候当婆婆的说了:"四两'沉',四两'漂',四两'张着嘴',四两'弯着腰'。"儿媳听完转身走进厨房,儿媳一会儿拿着四样东西出来。两位老人一看,满意地笑了,以后他们逢人就夸儿媳聪明。

你知道他们让儿媳拿的是什么东西吗?(P155)

火车在哪里

现在,我国的铁路运输发展迅速,从北京到济南坐动车仅需四个小时左右。那么,当火车从北京出发,向济南方向行驶了两个小时之后,火车应该在什么地方呢?(P155)

读书计划

小明十分喜欢读书,放寒假的时候,他从学校图书馆借了很多课外读物,准备假期来读。为此,他制订了一个假期读书计划,每天要读20页书。

前几天,计划进行得都很顺利,可是到了第10天,小明突然得了重感冒,只能卧床休息,于是中断了三天计划,病好后他又开始按照计划开始读书了。

那么,你知道第20天的时候,小明读了多少页书吗?(P155)

猎人逃跑

一天,猎人到山林里去打猎,正当他追逐一只小鹿的时候,他发现前面出现了一只凶恶的野狼,于是赶忙逃跑。野狼在后面紧追不放,眼看猎人就跑远了,可是却出现了一条河横在了猎人面前。河上没有小桥,也没有船只或者绳索,河面也没有结冰,最糟糕的是猎人根本不会游泳,但是最终猎人还是过去了。

你知道这是怎么回事吗?(P155)

星巴克的咖啡

下午,约翰来到星巴克和一位朋友见面。当时朋友还没有来,他就自己先点了一杯浓咖啡。当他喝到一半的时候,他往咖啡杯里面加满了开水,又喝到一半的时候,又加满了开水。这样他又重复了两次上面的过程后,他的朋友终于来了。

那么,你知道约翰等朋友的时候一共喝了几杯咖啡吗?(P155)

第三章 3

形象思维，越玩越聪明

不是双胞胎

学校开学了，乔治和约翰两个人手拉手走进了幼儿园，他们的外貌几乎一模一样。当人们问他们的年龄、父母名字和出生的年月的时候，他们的回答也一模一样，可当人们问他们是不是双胞胎的时候，两个人却都摇起头来。

你知道这是为什么吗？（P155）

谁是凶手

这天，放学回家的玛丽刚一进门，就发现莉莉和杰西没穿衣服死在了地板上，边上还有一些玻璃碎屑和一摊水，边上蹲着小白猫。玛丽看到后，伤心地哭了起来。

那么，你知道谁是凶手吗？（P155）

多出的小男孩

一天，集团的董事长被人绑架了，绑匪十分小心，将这位董事长关在了一处秘密的地牢里面，同时还派人在四周彻夜看守，简直没有一点漏洞。奇怪的是，第二天一大早，牢房里面竟然多出了一个小男孩。他并不是绑匪关进去的，而且没有人看到他走进地牢。

你知道这是怎么一回事吗？（P155）

会发生什么

航天员在太空进行科学探索。这天，飞船降落到一个星球上，经过检测，航天员们发现，这个星球上似乎只有氢气。大家穿好航天服走出飞船，想要收集一些这个星球上的标本。

一位航天员发现这里非常黑暗，于是拿出身上的打火机，想要点火照明。另外一位航天员赶紧拦住了他，并告诉他这会点燃氢气引起爆炸的。

那么，你知道点燃打火机后会发生什么吗？（P155）

奇怪的算术题

迈克和约翰两个人经常会相互比较谁更聪明。这天,迈克给约翰出了一道算术题目:在什么情况下7+8=3?约翰想了很久也没能想出答案。

你能帮约翰想出这道题的答案吗?(P155)

穷小子过河

国王有一位美丽的公主,她和城里的穷小子相爱了,但是国王坚决不同意。公主却执意如此,最后国王提出了一个要求,只要穷小子能够办到,就同意两人的婚事。

国王要求穷小子乘船将一只狼、一只羊和一篮子的青草运到河对岸,给他的船只能够容纳一个人、一只狼,或者是一个人、一只羊,或者是一个人、一篮子青草,但是,大家都很清楚,如果没人看守,羊很快就会被狼吃掉,青草也会被羊吃掉。

穷小子站在岸边想了想,然后开始渡河了。没想到他来回了几趟,竟然真的将三样东西都运到河对岸了。

那么,你知道他用的是什么办法吗?(P155)

奇怪的钟表

约翰先生住在一座古朴的欧洲小镇,镇上有一座高高的钟楼,约翰透过窗上的玻璃正好能够看到大钟显示的时间。每天早上起来,约翰总是习惯性的按着大钟的时间对一下自己床头的钟表。

这天,约翰先生起床后看到家里的钟表显示的时间是8:55,1分钟后显示的是8:56;又过了2分钟,显示的竟然还是8:56;1分钟后,显示的竟然变成了8:55。他看着镇上的大钟,正疑惑的时候,转眼到了9点了,他又看了看家里的钟表,终于发现了问题的所在。

那么,你能想到出了什么问题吗?(P155)

巧射仙人掌

史密斯去南非沙漠探险回来,跟他的朋友们炫耀说:"沙漠里有很多高大的仙人掌,有一次,我只用一枪就打断了三棵仙人掌的茎和四棵仙人掌的头。一共是七棵仙人掌,每一棵都中弹了。"朋友们都对他连连称赞。

你知道史密斯是怎样做到的吗?(P155)

不能入睡

这天,约翰出差。为了节省,他住在了一家较为简陋的旅馆。

晚上睡觉的时候,他怎么都无法入睡,于是起身给隔壁房间的客人打了一通电话。他什么话都没说就挂断了电话,接着重新回到床上,很快就睡着了。

你能想到这是为什么吗?(P156)

两个人过河

这天，小林到山里面游玩，走着走着前面出现一条小河，但是却没有桥可以过河，于是四下查看，在不远处的河边上看到一条小船，正好能容一个人。这时候，又来了一个人，他也想要过河。他和小林打了一声招呼，后来两个人都很顺利的过河了。

你知道他们是怎样做的吗？（P156）

五年前的箱子

林肯一家要从现在的家搬到另外一个地方去住一段时间。临走之前，妈妈将一些东西装到了一个大木箱子里面，然后从家门口开始走了30步，将箱子埋在了那里。小林肯也学着妈妈的样子，将自己的玩具之类的东西装在箱子里，从门口走了10步，将箱子埋在那里。

直到五年之后，林肯一家人才从外面搬回来。妈妈从门口走了30步，挖出了自己当年埋的箱子。小林肯也学着去找自己的箱子，但是很久才找到。

你知道这是为什么吗？（P156）

海底隧道

英国政府打算在英吉利海峡下面挖通一条隧道，一家商行为了打开自己的市场，提升自己的名气，决定以最低的价格参加招标。

招标大会上，这家商行给出了1万英镑的工程预算，远远低于其他商行的数百万英镑。负责人对此很感兴趣，于是向商行代表提问："很明显1万英镑的预算太少了。你能告诉我你的公司打算怎样实施工程吗？""很简单，我和我的合伙人一人拿一把铁锹，分别从英国和法国开始挖掘，等我们两个人汇合了，隧道也就挖好了。"商行代表自信地说道。负责人又问："如果你们无法汇合呢？"听完商行代表的回答，负责人当即决定让他们商行实施工程计划。

你知道商行代表是怎样回答的吗？（P156）

咖啡杯中的方糖

每天早上，查理到公司后都要先喝一杯浓咖啡。

这天早上，查理照例准备喝咖啡，他刚刚将一块方糖放到了咖啡杯里面，结果被经理叫去问一些事情。10分钟后，查理从经理办公室

出来, 可是咖啡杯里的方糖却好好地, 没有溶化。

你知道这是为什么吗? (P156)

宋版的图书

北京的国家图书馆有着丰富的藏书, 喜欢读书的小李每周都会去那里读书。

这天, 小李来到图书馆, 想要找一本宋版的《康熙字典》, 可是他找遍了书架, 也没有发现一本。

你知道这是为什么吗? (P156)

一句话答题

布朗先生是一位博学多才的大学教授, 被人们称作是校园里面知识最渊博的人, 但是, 新来的一位学生不相信, 于是想要刁难一下布朗教授。

他找到布朗教授, 然后拿出一张纸, 接着说道: "大家都说你博学又多才。现在这张纸上有100个不同领域的问题, 不知道你能不能用一句话就将上面的问题全部回答完呢? "

布朗教授接过那张纸, 仔细瞧了瞧, 用一句话回答了所有的问题。那位学生听完后不得不佩服布朗教授的机智。

你知道布朗教授是怎样回答的吗? (P156)

反插口袋

课间的时候, 同学们都在做游戏。这时候, 杰克对着汤姆说道: "你知道怎样才能把你的左手完全插入右手边的裤子口袋; 右手完全插入左手边的裤子口袋, 但是同时双手又不能交叉吗? " 同学们听后都开始比划起来, 汤姆试了半天怎么也做不到。

你知道怎样才能做到吗? (P156)

手部的感觉

我们都知道, 如果将手放进100℃的沸水之中, 即使只有一两秒钟的时间, 手部也一定会被严重烫伤。

现在请你想一下, 如果让你将手从正常的空气中放进装有150℃的空气中, 并且在里面待上5秒钟, 那么你的手部会被烧伤吗? (P156)

善意的提醒

秀才正在赶路, 路过一位算命先生的摊子。算命先生一下子叫住了秀才, 秀才说: "我不算命。" 说着拔腿就要走。这时, 算命先生一把抓住秀才, 说道: "我今天给你免费算一卦, 怎么样? " 秀才想了想, 就坐下了。

算命先生给秀才看看面相, 又看看手相, 接着面色大变, 低声对秀才说道: "看来今天你有大凶之兆，一个独眼的劫匪会抢了你的钱财并杀死你。还是赶紧回家吧，不要在街上晃荡了。"秀才听完了，笑笑说："你这老头，就知道骗那些无知的乡民，可别想把我也骗了。"接着继续上路了。

第二天，秀才的尸体就被官府的人发现了。有人回忆说，看到一个独眼的壮汉从胡同出来。

那么，算命先生真的有这么神吗？（P156）

飞机的投影

首都机场每天都有很多飞机起降。这天日落时分，地面上一架飞机已经准备好，即将飞离地面，而天上有一架从韩国首尔飞来的飞机，在距离地面100米的上空平行飞行，正准备降落。

现在，你知道哪一架飞机在地面上的投影更大一些吗？（P156）

大家的关系

小李是一位汽车司机，这天公司让她放假休息，于是小李一大早到公园和别人下棋。

正在这时，从外面过来一个人，他到小李身边说道："你快回去吧，你爸爸和我爸爸吵起来了。"这时候，边上的人奇怪地问道："这孩子是你什么人啊？"小李说："这是我儿子啊。"

那么，你能说出吵架的两个人和小李都是什么关系吗？（P156）

跳过小河

吉米是一个普通的小学生，他的家门前有一条两米宽的小河，他总是想不借助任何工具就跳过那条小河，但是每次尝试都以失败而告终。

后来有一天，吉米没有借助任何工具或者任何人的帮助就成功地跳过了小河。

你知道吉米是怎么做到的吗？（P156）

下一个数字

一天，数学老师来上课了。他什么都没有说，只是在黑板上写下了下面的一串数字，然后对同学们说："你们仔细观察这些数字，然后告诉我接下来的一个数字应该是什么？"

黑板上的数字是：2,3,5,7, 11…?（P156）

消失的番茄酱

布朗先生单独带着两个小儿子生活在澳大利亚的一个农场里面。两个儿子十分调皮，经常搞得布朗十分头疼。

这天，布朗自制了一杯番茄酱，并将它放在二楼的窗台上。大儿子故意将二儿子骗到窗台下面找东西，然后把番茄酱朝着弟弟的头上倒去。干活回来的布朗正好看到了这一幕，于是飞速赶到家中，但是他却发现，窗台下面和二儿子的身上、头上都没有番茄酱。

你知道番茄酱去了哪里吗？（P156）

熊毛的颜色

克里夫是一只熊，这天它离开家朝正南边走了一千米左右，抓到一个猎物；接着它又向正东走了一千米，又抓到一个猎物；接着它向正北走了一千米，这次它又回到了家中。

那么，你知道克里夫身上的毛是什么颜色的吗？（P156）

不停变换的风景画

小明说，他不用任何画笔就能够制作出一幅美丽的风景画，同学们都嘲笑他吹牛。没想到，这时候小明拿来一个大大的画框，将它安装在墙上，很快大家就看到墙上出现了一幅风景画，上面还有许多男男女女，并且，这幅画每天还会不停地变化。

你知道这究竟是怎么回事吗？（P157）

哪朵是真花

明明和兰兰是两兄妹，这天两个人跟父母一起回老家看望外祖父和外祖母。两个小家伙看见山上春意盎然，蜜蜂和蝴蝶在翩翩飞舞着，于是高兴地玩了起来。过了一会儿，兰兰拿着两朵开得几乎一模一样的花跑过来，让明明猜猜哪一朵花是假的，但是，明明只能远远地看着，不能用手摸，更不能用鼻子闻。

那么，明明怎样才能分辨出花的真假呢？（P157）

应该在第几层

约翰和汤姆是两个小邻居，周末两个人经常在一起玩游戏。

这天周末，正好赶上外面下雨，两个人决定玩比赛的游戏。他们住的是一栋20层的楼房，于是他们比赛看谁能最先跑到20楼。

约翰爬楼梯的速度是汤姆的两倍，那么，当约翰爬到第九层的时候，汤姆应该爬

到第几层呢？（P157）

找出熟鸡蛋

这天，约翰的妈妈生病了，小约翰想要给妈妈煮几个鸡蛋吃。可是，当他把煮好的鸡蛋拿出来的时候，却不小心把生的鸡蛋和熟的鸡蛋掺和到了一起。从外表看来生鸡蛋和熟鸡蛋没什么区别，如果打开看的话，生鸡蛋就会被弄坏了。

你知道怎样能帮助小约翰找到熟鸡蛋，但是又不能破坏生鸡蛋吗？（P157）

怎样切蛋糕

明天就是杰克10岁的生日了，他缠着父母给他买一个大大的蛋糕。父母拗不过他，从蛋糕店里给他买了一个大大的圆形的蛋糕。

第二天，杰克高兴地请小朋友们一起来他家里玩。快到切蛋糕的时候了，杰克拿起刀想要分蛋糕给小朋友。这时候，爸爸说话了："你先不要着急吃，要是你能想出一个办法将蛋糕平均分成完全一样的两份，我就再奖励你一个礼物，不过你不能直着劈开蛋糕，必须要用曲线分开。"

杰克和小伙伴们坐在一起商量了好一会儿，终于想到一个办法。

你知道杰克是怎么切开蛋糕的吗？（P157）

坑里有多少土

老赵是一位农民，他要在家里挖一个地窖，用来储存白菜。

他用了几天的时间，在地上挖了一个长5米、宽4米、深5米的大坑。

那么，你知道大坑里面有多少土吗？（P157）

飞行员的名字

你是一位从纽约飞往旧金山的客运飞机的飞行员。从纽约到旧金山距离比较远，所以飞机飞行的速度比较快，几个小时之后，飞机顺利地降落到旧金山的机场。

现在，请问这架航班的飞行员的名字是什么？（P157）

环球航行

问你一个非常简单的问题：哥伦布当初冒险环球航行的时候，最先到达的是哪里？

A.不知道，B.美国东部，C.中美洲群岛，D.巴西，E.好望角（P157）

国外旅行

李明离开自己的国家，到外国去旅游了，可是他的身边却都是中国人。

你知道这是怎么一回事吗？（P157）

内科还是外科

这天早上，史密斯先生的小儿子突然喊肚子疼，他赶忙驾车带他去看内科大夫。当他刚要走进大夫的办公室的时候，却看见一个外科大夫从里面出来了。

你知道这是怎么一回事吗？（P157）

还剩多少牛奶

布朗夫妇经营着一个庄园，他们在家中养了一头奶牛，每天自己挤牛奶出去卖。

这天，布朗夫人让他的两个小儿子迈克和亨利去看一下家里的桶里面还有多少牛奶。两个小家伙一会儿就跑回来了，迈克说还有不到半桶牛奶，亨利说还有多半桶牛奶。妈妈让他们先别吵，然后亲自去看了看。那是一个圆柱形的桶，她发现桶里的牛奶确实很难分出是多少。

那么，你知道怎样才能不用任何工具就分辨出谁说得对吗？（P157）

军队过河

两国正在交战，一支部队奉命支援前线，但是路上却有一条大河阻断了去路。当时，正好是冬天，河面上结了一层薄薄的冰，如果是一个人过河或许还可以，但如果是一支军队，绝对会把冰层踩裂，到时候就危险了。

正当指挥人员焦急万分的时候，一位士兵突然想到一个好办法。于是，在很短的时间内，冰层足足增加了10厘米，大军终于可以顺利渡河了。

你能想到士兵用了什么办法吗？（P157）

盲人分颜色

两位盲人住在一起，平时为了区分他们的衣服，两个人都会在衣服上做上标记。这天，他们一起出去，结果两个人分别买了一黑一白两件衣服，两个人忘记在衣服上做标记就放到了一起。由于衣服的款式、布料一模一样，他们根本没法分辨哪个是黑色哪个是白色。

那么，你能不能想个办法帮他们快速分辨出不同颜色的衣服呢？（P157）

让鸡蛋立正

每天早上，妈妈都会给杰克和爸爸准备早餐，吃完饭后爸爸就会顺路送杰克上学，然后去上班。

这天吃早餐的时候，爸爸拿着一个煮熟的鸡蛋对杰克说："小杰克，你能想办法让鸡蛋为我表演立正吗？"杰克高兴地拿着鸡蛋开始尝试起来，但是鸡蛋似乎很不听话,杰克怎么小心翼翼,它也不肯站起来。一边的爸爸妈妈哈哈直笑。

这时候,爸爸拿过鸡蛋,一下就让它站起来了。

你知道这是为什么吗?(P157)

门前的小河

艾琳今年已经6岁了,她已经长到了1.5米左右。她家门前有一条平均水深0.9米的小河,父母打算等她再大一点就教她学游泳。有一天,家人发现艾琳竟然被淹死在了这条小河里面。

你知道这是为什么吗?(P157)

预测地震

以前,有座小城的人们很迷信,不管做什么事情,总是喜欢去找巫婆玛丽预测一下。人们对巫婆的话深信不疑。若干年后,小镇上发生了地震,一位曾经见过巫婆的老人说:"玛丽曾经预测到镇子上会发生地震,她说的真是太准了。"

那么,那位玛丽巫婆真的有这么神奇吗?(P158)

最大的影子

居里夫人是著名的物理学家,据说,她曾经问过她的孩子这样一个问题:"这个世界上最大的影子是什么?"

你能想到这个问题的答案是什么吗?(P158)

站立的妙法

周末,布朗先生陪他的两个小女儿在家里做游戏。

布朗拿出一张报纸,然后对他的两个小女儿——7岁的凯蒂和8岁的贝蒂说道:"现在给你们一张报纸的一半,你们两个人要想办法同时站在这张报纸上面,但是你们不能碰到对方,当然也不能将报纸撕成两半。要是你们做到了,爸爸就给你们两个人一份奖励!"

两个小姐妹拿起报纸研究了起来。过了一会儿,布朗先生听到姐妹两个人叫他,就从书房走出来,结果看到两个人果然按照他的要求站在了报纸上面。于是,给了她们一份奖励。

你知道两位小姐妹是怎样做到的吗?(P158)

遭遇雷击

放学后,小明拿着风筝跑到外面去,很快风筝就飞得很高了。小明玩得正高兴的时候,突然电闪雷鸣,没有两分钟,天上的大雨就倾盆而下。小明拖着风筝线跑到了一个小亭子里面避雨。小亭子上面安装了避雷针,可是小明最后还是不幸被雷击而死。

这究竟是怎么回事呢? (P158)

反常举动

一列火车即将行驶到一座高架桥上面,司机这才发现老远的高架桥上两位工人正在检修铁路,于是赶紧鸣笛示警。两位工人听到火车的警示,竟然迎着火车驶来的方向快速地跑了过去。

你知道这是为什么吗? (P158)

孰大孰小

一天,课间休息的时候,同学们正在一起玩游戏,老师走进教室给同学们出了这样一个题目: 5比0强, 2比5强,但是0又比2强,请问这是为什么?

同学们想了好久,也没能猜出来。

你能猜到是怎么回事吗? (P158)

无法模仿的动作

动物园里面有一只猴子十分聪明,它总是能够模仿人们的各种动作,常常引得游人们哈哈大笑。你要是摸自己的下巴,它也会摸自己的下巴;你要是张大嘴巴,它也立刻跟着张大嘴巴;你要是睁开左眼闭上右眼,它也能利索地睁开左眼闭上右眼。到动物园来游玩的人们看见和猴子在一起的饲养员,总是向他夸奖猴子多么聪明,饲养员也很开心,不过他对游人说:"不管猴子多聪明,它永远也没办法模仿人的一个动作。"

你能想出饲养员说的那个动作是什么吗? (P158)

巧剪绳子

凯莉是一个十分聪明的孩子,经常得到老师和同学们的夸奖。

这天,爷爷给凯莉和她的弟弟妹妹们买来了几架玩具飞机,几个小家伙都抢着想要最大的那个。这时候,爷爷对他们说:"这样吧,我手里有一根绳子,一会儿你们要是谁能把绳子从中间剪开,但还让绳子是一根,我就把最大的飞机给他。这样公平吧。"这下小家伙们不闹了,都到一边去想办法,但是最后,只有凯莉想到了办法。

你能像凯莉一样想出办法吗? (P158)

字母变小

下面这个游戏,你可以亲自动手尝试做一下。

用四根火柴棒就能够摆出一个英文字母"E"，那么，如果再给你一根火柴棒，你能够将"E"变小吗？（P158）

怎样落下

房顶上面用细线挂着一个铁球，当小球摆动到最高点的时候，用剪刀剪断绳子，那么小球将会怎样落下呢？（P158）

测试气球

研究所的一位研究人员研发了一种能够无限膨胀的气球。这天，他找到一位肺活量非常大的运动员来帮他进行测试。这位测试者吹了很久，气球一直都没有破裂，但是当气球膨胀到一定程度的时候，却怎么也不再增大了。

你知道这是为什么吗？（P158）

快速切豆腐

小王是一家餐馆的配菜师。这天，厨师老李让小王帮他准备八块豆腐，要求形状、大小都一样。

小王拿出冰箱里面的方方正正的豆腐，只用了三刀就将一整块豆腐切成了八块。你知道最后他是怎么做的吗？（P158）

奇怪的比赛

奥比星球的外星人到地球来参观人类的奥运会比赛项目，作为侦查人员的奥拉要将他观察到的事物向上级报告。

这天，正在进行跳远比赛，他就向上级报告说："人类先是跳起来，之后脚跟着地，最远可前进8米左右。"后来他又看到三级跳远比赛，于是汇报说："人类先是跑几步，然后用脚踏到一个标记好的位置后弹跳起来，中途可以落地两次，最远可以前进到大约18米的位置。"接着，他向上级报告了一种"跳起一次就可以前进百米"的竞赛。

你知道最后他报告的是什么竞赛吗？（P158）

怎样扩建

迈克家里有一个正方形的游泳池，四个角上分别种了一棵树。现在，他想将游泳池的面积扩大一倍，但是又不想将四棵树砍了。迈克还有可能将家里的游泳池扩建吗？（P158）

追公交车的男人

公交车载满了乘客，正在沿着一条下坡路快速地行进。这个时候，车上的乘客看

让孩子更聪明的思维游戏

到一个男人在紧紧地追赶这辆公交车，眼看越拉越远，但那个人似乎没有放弃的意思。一位乘客探出头来对着那个男人说："你还是别追了，下一辆车很快就来了。"没想到那个男人却大喊道："我必须要追上这辆车！"

你能想到男人这样做的原因吗？（P159）

巧过冰河

一位探险家独自到北极去探险，途中被一条河挡住了去路。想要游泳过河是根本不可能的，因为河水温度太低了，要是跳到河里必死无疑，但是想要绕过去似乎也很难，他找了半天也没发现过去的路。这时候这位探险家心想："要是北极有树木就好了，我身上还带着斧头、铁棍这些工具呢，到时候造一条木船就能过河了。可是，这里冰天雪地的，除斧头、铁棍这些工具外没什么其他的东西。"

不过，他最终还是顺利地过了这条河，既没有弄湿身体，也没有走很远的路。

你能想到他是怎么过河的吗？（P159）

奇怪的蛇

几条蛇由于过分饥饿而开始互相吞食。它们相互从尾部往前吞食，最后几条蛇正好围成了一个圆形的圈，那个圆圈在不断地缩小。那么，如果它们继续这样下去，最后那个圆圈会变成什么样呢？（P159）

毛衫巧换面

妈妈给杰西卡买了一件漂亮的衣服，那是一件套头毛衫，在胸前还绣着一朵美丽的玫瑰花。杰西卡非常喜欢穿着它出门。

这天，她出门的时候非常匆忙。等到了学校才发现，自己的毛衫竟然穿反了，而且，当时她正在和同学们做游戏，两只手被一根细绳绑住了。

那么，杰西卡能不能在不解开细绳的情况下就将毛衫换一个面呢？（P159）

新颖的结尾

主持人大赛的决赛现场，四位参赛者正在进行最后的角逐。

最后一轮智力题，要求四位选手串讲一个故事。故事的开头是"今晚的月光很好"，请四位参赛者接着这句话讲，每人说几句，最后组成一个完整的故事。

第一位选手张口就说："演出结束之后，我独自一人走在街上，忽然听到背后传来了枪响。"第二位接着说道："我慌忙回头看，发现是一个警察正在追一个歹徒。"第三位说："经过激烈的搏斗，警察成功制服了歹徒。"

最后是第四位选手了，可是故事似乎已经不能再继续下去了。前面几位都等着看他出丑，谁知道他说了几句话，立刻扭转了局面，不但令故事的结尾巧妙新颖，更凭此夺得了最后的胜利。

那么，你知道第四位选手是怎样回答的吗？（P159）

巧言对暴君

一位残暴的国王乔装成外国人，到民间探查子民对他的看法。他询问街上的一个小贩："贵国的国王怎么样？"小贩见四下无人，就小声地对他说："实话告诉你吧，我们国家的国王真是太残暴了，就是一个胡乱杀人的暴君！"

听完小贩的话，国王大怒，立刻表明了自己的身份，想要当场处死小贩。这时候，机智的小贩跪在地上，一边求饶一边说了几句话，于是国王很高兴地赦免了他。

你能想到他对国王说了什么吗？（P159）

警示标语

动物园里经常有人随便乱丢食物给狮子和老虎吃，导致大量垃圾在园内堆积。虽然工作人员在边上树立了"请不要喂食，否则罚款"的警示牌，但还是有很多游人给它们喂食物，并且宁愿交罚款。

后来聪明的饲养员改动了警示牌上的话，就再也没有人喂食了。

你能想到的是改动成哪句话吗？（P159）

小明的魔术

台上的魔术师在表演一个节目，他将一个空玻璃杯里面装满普通的纯净水，之后不盖盖子就用手将杯子倒过来，里面的水竟然不会洒出来。

坐在台下的高中生小明看过表演后对身边的妈妈说："我也能做到不让水洒出来。"

那么，你知道他是怎么做到的吗？（P159）

自杀还是他杀

一大早，张队长就接到了报警电话，说在废弃楼房前发现了一具尸体，尸体就在靠近墙根20厘米的地方。这座废弃小楼高5米，在3米高的地方有一处窗户开着。

经过法医鉴定，死因是由高处坠下导致死亡。死者衣着破烂，是一位贫穷的老人。旁边的新探员说："一看就是普通的自杀案件，死者因为无法忍受贫穷的生活，最终从楼上跳下来。"张队长仔细查看周围环境，看着死者说："不，死者应该是他杀，在死后被搬到这里来的，不是自杀。"经过仔细调查，最终侦破，确实为他杀。

那么，你能猜出张队长认为他杀的依据是什么吗？（P159）

蜡烛提供的证据

一位男士死在卧室里，经过法医鉴定，认定是他杀，已经死亡24小时了。

"奇怪，现在为止，没有发现任何作案的痕迹。"法医说道。警长忽然注意到桌子上还燃烧着蜡烛。他马上按了一下电灯开关，发现已经停电了，警长脑中灵光一闪，"我知道了，这里并不是案发的第一现场，尸体是从别的地方搬过来的。"

警长为什么会这么说呢? (P159)

谁捆绑了她

在一个寒冷的冬夜，兰克回到家中，一进屋，他大吃一惊，因为他发现妻子被捆绑在床上。他急忙解开妻子身上的绳索，妻子一边哭一边说："今天早上7点左右，一个蒙面歹徒闯进了房间，把我捆绑在这里，把家里的所有值钱东西都抢走了。"他看着妻子满脸惊惧之色，不住地安慰，同时咒骂道："这个该死的歹徒。"

兰克赶紧报警，几分钟后警长赶到，他问兰克："房里的东西，你都没有动过吧?"兰克说："当然，保护现场，我还是知道的。"警长环顾四周，看见取暖的炉子上水壶仍在冒着水蒸气。警长看了眼还在伤心的妻子，然后对兰克说："你妻子对你撒谎了，是她自己捆绑上手脚谎称歹徒作案。"

警长发现了什么? 他为什么这么说? (P159)

第三章 形象思维，越玩越聪明

第四章 4

创新思维，难能可贵是创造

兄弟分油

两个吝啬鬼兄弟分财产，就算是家里的一张饼都要从中间切开分成两半。当他们看到家中有两个一模一样的油瓶时，决定每人分一个，但是其中一个油瓶里面装着多半瓶的油，两人想要平分这些油。在没有任何测量工具的情况下，他们应该怎么办呢？（P159）

摆出三角形

数学课上，老师拿来了三根长短不一的木棍。随后，老师测量了三根木棍的长度，分别是：3厘米、5厘米和10厘米。

老师曾经给同学们讲过，三角形的两条边长度之和一定大于第三条边。可是现在，老师又要求同学们用这三根木棍摆出一个三角形，并且不能截断三根木棍。

那么，老师的要求可以完成吗？（P160）

漂浮的木块

物理课上，老师正在给同学们讲授浮力的原理。试验台上面，一块小方木块正浮在装满水的烧杯里面。这时候，老师给大家出了一个题目。

他说："现在要求大家既不能用手或者其他东西往下压木块，也不能改变木块的重量，更不能破坏烧杯，那么怎样才能让木块沉到烧杯底部呢？"

你知道应该怎样做吗？（P160）

两米多的鱼竿

约翰和小孙子一起到池塘里面钓鱼，他们要乘坐公交车赶到郊外的池塘去，但是公交车上禁止携带超过两米的物品，他们的鱼竿又偏偏比两米长。

不过，聪明的小孙子给约翰想了一个好办法，这样，爷孙两个人就顺利地登上了公交车，开始他们的旅行了。

你知道他们是怎么做到的吗？（P160）

切开蚯蚓

小强是一名初中生，在生物课上，老师告诉他，蚯蚓是一种奇特的生物，如果将它从中间切开分成两半，它不但不会死，还会变成两条蚯蚓。

回到家里，好奇的小强到土里面挖出一条蚯蚓，接着将它切成了两半，但奇怪的是，蚯蚓很快就死掉了。难道是老师讲错了吗？

你知道这是为什么吗？（P160）

灯泡的体积

爱迪生是一位伟大的发明家。

这天，他拿着一个没有灯口的灯泡递给了助手，然后让助手测量一下灯泡的体积。过了好一会儿，也不见助手向他报告。于是他走到助手面前，发现助手正在草纸上努力地演算。

这时候，爱迪生赶忙拦住了助手，自己用一种非常简单的方法量出了灯泡的体积。

你知道他用的是什么方法吗？（P160）

怎样量水

桌上摆着一个容量是1升的长方形容器，但是没有标出刻度，要求在不使用其他工具的情况下量出0.5升的水。

你知道应该怎样操作吗？（P160）

巧取乒乓球

迈克和亨利两个人正在打乒乓球，一不小心将乒乓球打进了一个空玻璃瓶里面。结果，迈克没有移动玻璃瓶，也没有用任何工具，就轻松地将乒乓球从玻璃瓶里面取了出来。

你能想到迈克是怎样取出乒乓球的吗？（P160）

硬币怎样落下

将一根火柴折成"V"字形，然后把它放在一个小号的广口瓶瓶口上面。这时候，取一枚比瓶口小的硬币放在火柴上面。

要求不用手或者工具触碰火柴和硬币，你能让硬币落到瓶子里面吗？（P160）

一口气吹倒瓶子

我们经常能看到魔术师搓一搓手心，吹一口"仙气"后就把桌子上摆放的物体都吹倒，看上去很神奇，但要学起来也并不难。只需把一个圆柱形的不锈钢瓶子放在桌面上。现在就教你一招如何变魔术：一口气吹倒不锈钢瓶子。

拿一个结实的信封放在桌子上，使开口的那边悬在桌边。接着，把不锈钢瓶子放在信封的另一边。往信封里吹气，但信封要紧贴嘴巴，保证不漏气。用劲吹两下，瓶子就会倾斜并翻倒。(P160)

4-4=8

从常理上来说，我们都知道4+4=8，4−4=0。霍斯曼却对着小镇上围坐在一起的小伙伴扬言说："我将证明给你们看从4去掉4之后将得到8。"霍斯曼从容不迫地向大家展示了4−4如何得到8。

你想知道他是如何做到的吗？(P160)

猜　牌

一天数学课上，老师想测验一下同学们的创新思维能力。他设计出一个思维游戏。他将3张牌正面朝下并排放置，并给出了线索：有一张牌是3，它在5牌的右边，一张方片牌位于一张黑桃牌的左边；一张K牌位于一张红桃牌的左边；红桃牌位于黑桃牌的左边。

通过以上线索，你可以猜测出每张牌都是什么吗？(P160)

分　饼

玛丽在13岁生日时收到朋友从国外寄来的香酥饼。正当她打开时，她的4个朋友过来祝贺，所以玛丽不得不将自己的饼分给几个伙伴吃。她把其中的一半和半个饼分给杰克；然后把剩下的一半饼和半个饼分给了汤姆；接着，她又把剩下的一半饼和半个饼分给了查莉；最后，她把剩下的一半饼和半个饼分给了吉姆。

然而如此一来，可怜的玛丽却一块饼也没尝到。

那么，你能否计算出玛丽原来一共有多少个香酥饼？(P160)

贪婪的烟鬼

赫拉是咖啡厅里的一名保洁人员，生活十分穷困潦倒，但他也是个地地道道的老烟鬼，由于他没有钱去给自己买一盒好烟，所以只能借助快速卷烟机来给自己卷烟抽。而烟草，他是从抽过的烟头里积攒下来的，他可以把3个烟头卷成1支烟。

然而到目前为止，赫拉只攒下了10个烟头，可是这个贪婪的烟鬼却想卷4支烟。这件事听起来很棘手,可是在赫拉手里却轻而易举地办成了。

你知道他是怎么做到的吗?(P160)

巧移5分硬币

桌子上有2枚5分硬币、1枚1元硬币,1元硬币在2枚5分硬币的中间。需用1枚5分硬币取代中间那枚1元硬币的位置,但是在移动硬币时要按照以下规则进行:可以移动第1枚5分硬币,但是不能碰到它;可以接触那枚1元硬币,但是不能移动它;对于最后那枚5分硬币,既可以接触它,也可以移动它。

想一想能不能在满足以上条件下来解答这道难题呢?(P161)

如何将水倒一半

一天,在一节自然课上,老师给同学们出了这样一道极为有意思的题目:有这样一个方形的玻璃杯,如果不用测量杯或者测量棒,能否把水从玻璃杯中倒出来,而且使水平面正好处于玻璃杯的正中间呢?

刚说完这道题目后,班里平时最聪明的同学汉斯马上就给同学们演示了一番。同学们睁大眼睛看了一下水平面,果真不多不少就到达玻璃杯中间的位置上。

那么,他是如何做到的呢?(P161)

神奇的线

两个非常要好的朋友出去旅游,旅途漫漫,多有乏味。两人开始互相调侃起来,其中一个人对另外一个人扬言说:"我在几秒钟内画出一条线,保准要你花几天才能走完,信不信?"另外一个人怎么也不肯相信他说的话,于是其中一个人就画出一条线,另外一个人果真走了几天才走完。

为什么几秒钟内画出的短短一条线会使人走了几天才走完呢?怎么会有如此神奇的事情?难道那个人会变戏法不成?(P161)

奇怪的选择

在一个贫穷的小山村,只有两家理发店,每家理发店只有一名理发师。一天,有两个非常挑剔的贵妇人因为来这边旅游想选择一家理发店理发,但她们初来乍到,又不知道这两个理发师哪一个技术更好一些。

所以她们两家理发店都进去看了看,发现第一家理发店的理发师头发剪得乱七八糟,没有任何造型,而第二家理发店的理发师头发剪得整整齐齐。两个人商量了一下,相视而笑,最终选择了去第一家理发店理发。

同学们,你们知道这是为什么吗?(P161)

分钢笔

在美国的一所小学里有5名同学因为参加了州里的运动会而获得了集体三等奖，按照运动会的奖励政策，每名同学应该获得一支钢笔。5名同学上台领奖排成行，奖品盒里有5支钢笔，可当老师把钢笔分到最后，发现盒子里还有1支钢笔。

那么请问，他们到底是怎么分发奖品的呢？（P161）

悟空智斗八戒

《西游记》里面的孙悟空聪明绝顶、火眼金睛；猪八戒却头脑简单、心地单纯，因此常常受到悟空的捉弄。

一天，在西天取经的途中，遇到一个被吊在树枝上啼哭的孩子，唐僧一见，顿生恻隐之心，要八戒将其解救下来。当让悟空背着这个孩子的时候，悟空火眼金睛认出是红孩儿，便推脱让八戒来背。八戒秉性懒惰，也不想背这个孩子。悟空眼睛一转，心生一计。他说："我把一块石头放到地上，如果你能一步跨过去，我就心甘情愿地背这个孩子，怎么样？"八戒一听，觉得没什么难的，就满口答应了。悟空把石头放好后，八戒却没有跨过去。

你猜这是怎么回事？（P161）

排　序

杰森的爸爸为了测验杰森的想象力，给杰森出了这样一道智力题：想象你有一副纸牌里的4个Q和3个A。排列7张牌，使之以QAQAQAQ的顺序排列。开始时，7张牌必须都是正面朝下。依次移动这7张牌，把它们放到桌面上。从第2张牌开始，每隔1张把牌正面朝上放在桌子上，以达到想要的交替次序。

记住，第一张牌放到正面朝下的那堆牌的最下面，第二张牌正面朝上放在桌子上，第三张牌正面朝下放到第一张牌下面，第四张牌正面朝上放在第二张牌上面，以此类推，直到所有的7张牌都正面朝上放在桌子上。请问：7张牌最初的顺序是怎样的？这下可把杰森难住了，他想了许久也没能想出纸牌最初的排列顺序。

同学们，你们能帮一下杰森吗？（P161）

鸡和狗

汤米的家里承包了一个农场，主要养鸡和狗这两类牲畜。一天，汤米的妈妈想让汤米计算一下家里鸡和狗的数量，看看最近有没有因为疏忽而使财产有所损失。由于经验不足，汤米分别计算出农场里有15个头和38条腿。

可是在回答妈妈时，汤米无论如何也回答不出农场里究竟有多少只鸡，多少狗。

同学们，你们能帮汤米计算一下鸡和狗的数量吗？（P161）

蜗牛与井

　　这是一道非常有意思的题目，老师给同学们讲述这道题时同学们都聚精会神地听着。故事的情节是这样的：一口井深2.3米，蜗牛每天可以向上爬1米，当晚上休息时，就会下落0.2米。那么，如果按照这个速度向上爬的话，这只蜗牛需要用几天的时间才能从那口井里爬出来呢？

　　老师的话音刚落，一名学生马上举手回答出了这道题的答案。其实这道题根本谈不上太难的计算，稍微动一下脑筋，答案自然就了然于胸了。（P161）

骑车人

　　一天，莎拉和莎娅要骑自行车去离城里20千米以外的乡村探望姥姥。当走过4千米路程的时候，莎拉的自行车突然出了故障，她不得不把车用链子锁在树上。由于怕姥姥担心路上出了什么事情，她们决定继续向前走。

　　摆在她们面前的有两种选择：要么一个人步行，另一个人骑车；要么两人都步行；她们都能以每小时4千米的速度步行或者以每小时8千米的速度骑车前进。她们决定尽量将步行缩小到最短距离，利用最短的时间到达姥姥家。

　　那么，她们是如何安排步行和骑车的呢？（P161）

排　名

　　甲、乙、丙、丁、张、王、李、赵八个人参加了一场市区举办的800米竞赛。比赛结果是：王的名次为甲、丙名次的中间数；甲比丙跑得快；李第四名；王比张高4个名次；乙、丙、丁三个人中乙最快，丁最慢，但不是最后一名。

　　通过以上给出的条件，你能推断出比赛中八个人的排名吗？（P161）

李白巧饮美酒

　　唐代大诗人李白既喜欢诗歌，又喜欢畅饮美酒，满腔抱负却总得不到朝廷的重用，还经常受到其他官员的冷嘲热讽。

　　一天，一位因嫉妒李白才能，平常处处与其作对的朝廷官员怀抱一大坛美酒来到李白住所想刁难一下李白。他对李白说："我知道你平日里最好饮酒，所以今日特来登门拜访。假如你能不取出酒坛上的软木塞，不打破酒坛，也不在酒坛上钻孔而倒出美酒,那今天的这一坛美酒就都归你了;如果不能做到的话,那么我就只好带回去了。"李白听了官员的"刁难",想了一下,最后终于想出打开酒坛的方法。

那么,你知道李白是如何倒出美酒的吗?(P161)

聪明的乌鸦

夏日的一天,一只乌鸦刚啄食完动物的腐肉,再加上天气的炎热干燥,口渴难耐,于是到处找水喝。突然,乌鸦眼前一亮,看见地上放着一个瓶子,瓶子里有水。可遗憾的是瓶子里水并不多,瓶口非常小,乌鸦费尽九牛二虎之力也喝不着水,可是将瓶子啄倒的话又怕瓶中的水都流到地上,导致没有机会喝到水。怎么办呢?

正在东张西望,寻寻觅觅,不知如何是好的时候,乌鸦看见旁边有许多小石子,它灵机一动,终于想出办法来了。

同学们,你们知道乌鸦是怎么喝到瓶子中的水吗?(P162)

猜人名

在课堂上,历史老师手里拿着一棵白菜走进教室,顺手把白菜放在了讲桌上,并看了看同学说:"今天,老师给大家出一道需要动脑筋的题目,请大家针对这棵白菜做一动作,猜一个历史人物。"

大家都很不理解,和一棵白菜有关的是什么历史人物呢?同学们都纷纷讨论起来。这时,小明同学走到讲桌前,拿起白菜,不分青红皂白地把白菜叶子都剥下来,只留下白菜帮子,然后笑嘻嘻对老师说:"是不是这个答案?"

同学们都很吃惊,认为小明是在课堂上哗众取宠,但是老师宣布:"小明是对的。"

你知道答案是什么吗?(P162)

汽油挥发

安吉拉的妈妈是个非常优秀的数学老师,所以在儿子很小的时候她就非常注意开发孩子的智力,经常会给安吉拉出一些数学难题,来提高儿子的智商。她告诉孩子,汽油是一种很容易挥发的液体。现在有这样一整瓶汽油,打开瓶盖后挥发,第二天变为原来的1/2瓶,第三天变为第二天的2/3瓶,第四天变为第三天的3/4瓶,第五天变为第四天的4/5瓶,第六天变为第五天的5/6瓶。

那么,第几天时汽油还剩下1/20瓶?(P162)

巧挪巨石

珍妮和她的爸爸妈妈开着自家的车去看望奶奶,走到山路的时候,突然山上滚下一块巨石,正巧落在一条小路的中间,车辆因此根本无法行驶过去。过了几分钟,要过此路的人越来越多,大家一齐上前推动巨石,巨石却纹丝不动。大家正发愁不知如何是好的时候，一个聪明的拉车人想出了一个解决办法，从而使大家顺利地通过了此条路。

同学们，你们知道他用的是什么办法吗？（P162）

对方的脸

一天，在海尔公司的员工拓展培训上，培训部门经理出了这样一道题：他说让其中两名新员工一个面向南、另一个面向北站立着，除此之外，还要求他们不回头看对方，不向对方走动，不说话或打手势，也不照镜子。

那么，你知道他们要怎样做才能看到对方的脸吗？（P162）

如何分辨生熟鸡蛋

在一节生物课的课堂上，老师指着手中盒子里的两个鸡蛋对同学们说："这个盒子里装着一个生鸡蛋和一个熟鸡蛋，现在就来考验一下同学们的生活常识，班里有哪位同学可以在闭着眼睛的情况下分辨出生鸡蛋和熟鸡蛋？"

老师说完之后，同学们发出一片唏嘘声，这下可难倒了同学们，别说是闭着眼睛，就是睁开眼睛也难以分辨出鸡蛋的生熟呀？

没过几秒钟，台下一名同学举起手说："老师，我可以解决这个难题。"

同学们，你们猜这位同学是怎么做到的呢？（P162）

胖子和瘦子

有这样两个外形长得很特别的人：这两个人身高都在1.8米左右，其中一个特别胖，体重有100千克；另外一个特别瘦，体重只有55千克。他们俩坐在一起互相挖苦，开对方的玩笑。

瘦子用绳子做了一个直径2米的圆圈，想由此嘲笑一下胖子肥胖的身躯，可是胖子却轻蔑地笑了一下，轻而易举地就跳了出去。瘦子说："好，我用这条绳子再做一个圆圈，让你永远跳不出去。"这么一来，胖子果真挣扎了半天，也没能跳出这个圆圈。

同学们，你们知道瘦子是怎么为难胖子的吗？他又究竟做的一个什么圈圈呢？（P162）

神奇的张力

一天晚餐后，爸爸给杰森出了这样一道题：如何将一根钢针漂浮在水面上？杰森当即质疑爸爸说："这怎么可能？爸爸你是异想天开吗？"爸爸耐心地向杰森解释说："不要对一件你从来没有做过的事情说不可能，你都没有做怎么就知道不行呢？"

杰森想了想，觉得爸爸说的话有道理，于是拿起家里的玻璃杯和钢针认真做起了实验，果真，没过几分钟，杰森就想出了办法让钢针漂浮在水面上。

同学们，你们知道杰森是如何做到的吗？（P162）

排选方法

有一个娱乐节目，其中节目规则是这样的：每一期节目都要挑选3个宝宝来参加，他们通过表演各自的拿手技能如唱歌、跳舞、演奏乐器、说唱等来进行大PK，表现最优秀的宝宝将会被评为超级宝宝。

获得这一荣誉后不仅可以得到节目颁发的超级宝宝大礼包，而且还可以进行一项特别的奖励活动，即"超级宝宝大搬家"。"搬家规则"是这样的：宝宝可以挑选3种玩具中的一种，4种零食中的一种，以及4种生活用品中的一种。

同学们，你们开动脑筋思考一下，依照以上提出的规则，若不考虑奖品的挑选顺序，则宝宝可以有多少种不同的挑选方法？（P162）

让谁上船

玛丽要妈妈买一个漂亮的芭比娃娃。妈妈给玛丽出了一个智力题，并答应玛丽如果她回答准确就给她买。

题目是这样的：小刚和同学坐船去河对岸。和他们同样站在岸边等船的还有两个人，一个是医生，曾经在小刚母亲生命垂危时救过其一命，小刚一直想寻找机会报答恩人；另一个是即将临盆的孕妇。可是船只能乘坐两个人（除了船夫），这意味着无论如何得有两个人留在原地。

小刚应该怎么办？你能帮帮玛丽解答这道题目吗？（P162）

说谎的凶手

有一位律师在一天晚上查看案件的时候被人用木棍从背后击毙。书桌上摆放着一盏台灯，窗户紧闭。

警方赶到现场，询问相关的目击证人案发经过。住在对面居室的史密斯先生向警方讲述道："当我从家里窗户向对面看时，发现律师的窗口有个影子双手举着木棍，我感觉事情有些不对，就赶紧报了案。"

警方听完后，立即说道："你说谎，你就是凶手！"

同学们，你们猜警方判断史密斯说谎的破绽在哪里？（P162）

穷人智取土地

一个姓吴的穷人从地主那里买得一块很贫瘠的土地，如今经过穷人的一番辛勤耕耘，一下子收获了不少粮食。这让地主很是妒忌，便一心想着歪点子将土地给收回来。地主到县衙告了姓吴的穷人一状，并贿赂了县太爷。

没过几天，县太爷派人传讯姓吴的穷人，穷人觉得自己肯定要吃亏。当他走到县衙门口,官差盘问他姓名时,他忽然心生一计。

官差通报后,开始审案。县太爷喊了财主的姓名之后,紧接着又喊:"传吴旧上堂!"县太爷一喊,竟把地主给吓跑了。

这是怎么回事呢?(P162)

圈 地

农民张顺安一家人丁比较多,想跟地主买一些土地。一天他带着家里二十几口人来到地主家里,说道:"如今我们光靠这些地养活不了这么多人口,请你允许我们买一块土地生存吧。"地主见张顺安身上仅有十两银子,便轻蔑地说:"这点银子只能买下用一张牛皮圈出的土地。"大家听后很生气,张顺安的儿子张昭劝家人说:"别丧气,我有办法用牛皮圈出一块面积很大的土地。"

你知道张昭是怎样用牛皮圈出大片土地的吗?(P162)

如何署名

有三个著名的作家合作完成了一本书的写作,但是他们向负责人提出一个要求:在新书签售会的那天一定要将自己的名字排在海报前面,否则,他们将拒绝出席。三位作家合编一本书的消息早已传到文学界中,可是一个放在前面,另外两个就要搁置其后,得罪哪个作家都不太合适。不过,负责人经过一番思考之后还是答应了他们的要求。

你能猜到负责人究竟是采用什么办法解决这个问题吗?(P162)

更换轮胎

一家快递公司的员工小王要将货物派送到客户家里,他用的是三轮摩托车,一年的总路程约5万千米。每个轮胎的寿命只有2万千米,小王只有5个备用轮胎,假设一年只有这8个轮胎。

小王神奇般地利用这8个轮胎,把货物顺利地运送到了客户手中。

你知道他是怎么做到的吗?(P163)

糊涂的审判长

一名罪犯因犯抢劫、杀人罪被判处终身监禁。可是被告人的律师为其辩护说其杀人后能在第一时间将受害人送到医院,应对其减轻处罚。而原告却坚决反对从轻处罚,支持重判。

双方各自坚持己见,这可难为了一直犹豫不决的审判长。最终糊涂的审判长做了一个奇怪的判案:既然双方一半反对,一半赞成,那么就判处他一半终身监禁。

对于这个奇怪的刑罚许多人还是第一次听到,为此审判长不得不向大家做了一番解释。

你可知道这个糊涂的审判长是怎么解释的吗？（P163）

名画的价值

一天，商人阿比盖尔从当地一家画廊买下了一幅名画，此幅画享誉全世界，堪称经典之作，由此他为这件难得的作品付出了90%的账面价值。一个一生都痴迷于该作品的画家看见这幅画后，说愿意支付高出作品账面价值25%的费用将其买下。商人阿比盖尔毫不犹豫地答应了这笔交易，这样，他就从中赚得了1.05亿美元。

同学们，通过以上条件，你们能推测出名画的账面价值是多少吗？（P163）

超车

甲乙两辆大货车分别运送货物从A地开往B地，由于运送货物的特殊性，公司要求两辆车必须确保同时到达货运地点。甲乙走的是同一条线路，乙开车在前，甲开车在后，甲的车从未超过乙的车，乙也一直按标准速度行驶，可甲却接到了交警给出的超车罚款，这样令人匪夷所思的事情可能发生吗？（P163）

火攻敌军

一天，敌军攻打某国，士兵都不在，城里只有老幼妇孺，他们把救命的希望寄托在一位将军身上，要他想办法把敌人赶跑。

将军看到敌军的战船越来越近，船上的风帆不久前刚上过油，再一抬头，看到火红的太阳正强烈地刺痛自己的双眼，便灵机一动，说："要退敌军，需用火攻。"他指挥大家一齐行动，不一会儿敌军船上的风帆都烧起来了。敌军原本不善水战，纷纷坠入河中淹死了。

你知道将军是用什么计策巧妙地打赢这场仗吗？（P163）

求婚者

有一个国王经常向公主的求婚者提出各种刁钻的问题，因此从来没有人敢随意跟国王提起公主的婚事。

邻近几个国家的国王让自己的儿子向国王求婚，请求迎娶公主。国王决定考验一下几位王子的智力，对他们说："这是一颗曲明珠，中间有一条弯曲通道，你们谁能把丝线穿过通道，谁就有机会向公主求婚。"

前面的王子试了之后都没能成功，但是有一个王子却顺利地将丝线穿了过去。

他是怎么做到的呢？（P163）

创意弹琴

在一节钢琴课上，音乐老师为活跃一下课堂气氛，出了一道非常有意思的题目。她对大家说："我的两只手分别弹向钢琴的两端时，同学们能想到用什么方法让一个音符突然出现在键盘的中间呢？"同学们一听，纷纷讨论了起来。一会儿，艾莉尔举起手来，回答老师说："除非老师能多出一只手，否则这是不可能做到的事情。"

老师摇了摇头说："不，这个问题一定可以解决，你们再认真思考一下。"这时，安吉莉亚举起手来说："老师，我有办法做到。"

同学们，你们知道安吉莉亚是怎么做到的吗？（P163）

巧放巨石

在院子中有一个重5吨的巨石，和两个仅重20千克的小岩石。巨石太重，无法挪动，但小明对小东说："在不挪动5吨巨石的情况下，我能成功地将巨石放到两个小岩石的上边。"小东怎么也不相信。

但小明果真做到了。（P163）

别出心裁

一家家具制造商把生产的玻璃杯运到各商场时，时常发生破损，商场经常要求制造商理赔或退货。可是制造商的包装做得很精美，纸盒上也标明"易碎品""轻拿轻放"等提示性的醒目字体，每道工序也都力求做到尽善尽美，实在想不出来问题到底出在哪里。

由此，制造商派出市场调查人员做了一番跟踪调查，得出的结论是搬运工人不注意轻拿轻放造成玻璃杯破损。

针对出现的问题，制造商又重新设计出了一套崭新的包装外壳，这样一来，果然发生损坏的现象越来越少了。

你能想象出这种新包装是怎样设计的吗？（P163）

巧装鸭梨

星期日，贝蒂正在学校的篮球场上打篮球，下午5点多，妈妈来接他回家。路上遇

第四章 创新思维，难能可贵是创造

到一个老奶奶正在卖鸭梨,鸭梨很便宜,妈妈决定买5个回去,于是老奶奶给他们称了一下重量,收好钱后将鸭梨装入食品袋递给了贝蒂妈妈。可是没走多远,袋子因为承受不了重量就裂开了,鸭梨都滚落到了地上。

这下怎么办? 妈妈没有带包,什么袋子都没拿,鸭梨要抱着拿回去吗?

这时,贝蒂想出了一个好办法,不费任何力气就将鸭梨带回了家。(P163)

如何安排时间

弗里达先生8点去与客户约定的地点洽谈一笔生意,原本打算办完事去机场送别要去美国留学的朋友杰克,杰克乘坐的航班起飞时间为中午10点。

可是没想到由于正赶上早高峰,耽误了时间,他开车到与客户见面的地点的时间用了预期的两倍。弗里达先生按预期时间办完事,决定以原计划三倍的速度赶去机场送别杰克。

那么,弗里达先生能赶到机场送别杰克吗?(P163)

半张甜饼

安吉拉收到了姑姑从国外给自己寄来的一盒甜饼。她想到既然有好东西就要和好朋友一起分享。于是她生日那天邀请了两个最好的朋友来家里吃甜饼。她把一半甜饼和一张甜饼的一半分给艾丽莎;然后又把剩下的一半甜饼和一张甜饼的一半分给了爱丽丝。分完后,她还剩下一张甜饼。

同学们,你们知道安吉拉原来有几张甜饼吗?(P163)

糊涂的售货员

在一节数学课上,老师出了一道这样的题目:魏芳去一家商店里买日常生活用品,她一共挑选了4件,其中有一件是1元钱,总共加起来有6.75元。

当魏芳正准备付钱时,发现售货员在计算器上按的不是加法键,而是乘法键。这样算下去价钱必然成倍增长。看到售货员如此心不在焉,魏芳正准备提醒售货员时,她却惊奇地发现计算器最后显示出来的数字也是6.75元。

老师说,可以确定售货员没有按错数字,那么这四件商品的单价各是多少? 同学们的脸上不禁呈现出难以置信的神情,怎么会出现这么巧的事情呢? 可是没过1分钟,班里就有同学解答出了这道难题。(P164)

卖酱油

阿凡提是一个非常聪明的商人,一天他刚走到集市上,就遇见这样的事情:摊主有两桶25千克酱油,两位顾客带来了两个瓶子,一个装2500毫升,另一个装2000毫升。他们每人只要1000毫升酱油。摊主手里没有任何工具,这下可难倒了摊主,如何将两个瓶子里各倒入1000毫升的酱油呢？

阿凡提脑筋一转，马上想出了解决的办法。（P164）

买　钟

星期日，艾丽尔要去商店买个闹钟。她看了所有卖钟的品牌商店，只看中了一种款式，非要买下不可，其他都不考虑。而这种款式的钟目前只有两个：一个钟每天准2次，另一个钟两年只准一次。她犹豫不决，不知道该买哪个，你能帮帮她吗？（P164）

粗心的服务员

一天，旅社来了三对游客：一对母女、一对父子，还有一对夫妇。他们开了三个房间，门口分别挂上了带有标记的"男女""男""女"的标牌，但是由于服务员比较粗心，把牌子都给挂错了位置，这样一来，游客找不到自己的房间了。

如果要求只敲一个房间的门，就可以找到自己的房间，请问：应该敲挂什么牌子的房间门呢？（P164）

智选开关

超市中的售货员要进入仓库去取货，可是进门前却遭到仓库管理员的警示：因为仓库里有易挥发的物品，所以要尽量保持封闭的状态，仓库的门只能打开一次。在这个仓库内有3盏灯，仓库外有3个开关A、B、C，分别控制仓库内的3盏灯。

在仓库外看不见仓库内的情况下，你只能进门一次，用什么方法来区分哪个开关控制哪盏灯呢？（P164）

衣服的颜色

玛丽告诉大家她买了一件漂亮的衣服，她的同学都没有见过这件衣服，于是大家就猜衣服的颜色。贝蒂说："你买的衣服一定是黑色的。"凯西说："你买的衣服不是黄的就是黑的。"萝丝说："你买的衣服不会是红色的。"这三个人的看法至少有一种是正确的，至少有一种是错误的。

请问，玛丽的衣服到底是什么颜色的？（P164）

判　刑

有两个共犯同时被抓，县官做出如下判决：如果两个人都不坦白，各判刑三年；如果两个人能同时坦白，那么各判刑五年；如果一人坦白，这个人就判刑一年，另一个人是十年。两个人各自关在不同的监狱，无法进行沟通，经过一夜的挣扎考虑之后，两个人都坦白了，但都被判了五年的刑期。

他们为什么会如此选择呢?（P164）

无法消失的字

小王隔壁在盖房子，隔壁的人在房子外竖了一块木板，属于违规。小王看到这种情况很生气，就在纸上写了"违规"两个大字，然后贴在木板上，但到了第二天，这两个字不见了。于是，小王想了一个办法，让他们无论用什么方法都无法让字从木板上消失。

请问，他是如何做到的?（P164）

第五章 5
逆向思维，让你聪明翻倍

如何分钱

一天，在数学课上，老师给大家出了一道这样的题目：有三个好朋友出去旅游，A带了5个面包，B带了4个面包，C没有带面包。最后三人分别吃了一样多的面包。

后来C从包里拿出了9元钱，由A、B两个人分，他们各应分到多少钱？有的同学当即就举手回答"4.5元"。老师否定地摇了摇头，让同学们再认真思考一下。同学们都用疑惑的眼睛看着老师。

你们知道A、B应该如何分配这9元钱吗？（P165）

分衣服

乐乐和聪聪是一对双胞胎，他们共同进行了一场叫作"抢衣服"的游戏。起初他们拥有相同数量的衣服。一开始乐乐抢了20件衣服，但最后他还是损失了自己2/3的衣服，而最后的比赛结果是聪聪衣服是乐乐的4倍。

请问比赛结束后，他们分别有多少件衣服？（P165）

聪明的员工

一些资本家剥削员工无所不用其极，哪怕是员工休息的时间他们也都不放过。他们要求员工每天都要加班，而且加班时间不能少于两个小时。一位聪明的员工面对如此不可理喻的资本家，想出了一个绝妙的计策，既满足了资本家的要求，又不会让自己太累。

同学们，你们知道他想出的妙计是什么吗？他在这个星期里最少加多长时间的班？（P165）

巧克力

在一次数学课上，老师给大家出了一道这样的题目：一个食品盒里盛满了巧克力。第一次吃掉其中的一半又半个，第二次又吃掉剩下的一半又半个，第三次也是吃掉剩下的一半又半个，第四次吃掉剩下的一半又半个之后，巧克力盒子里已经空无一物了。

说完之后，老师问同学们："请问一开始盒子里有多少个巧克力？"有的回答10个，有的回答8个，有的回答6个。可是没有一个同学回答正确的。

通过以上条件，你能推断出一开始盒子里到底有多少个巧克力吗？（P165）

知识竞赛

一次学校组织的知识竞赛中，要求选手回答30道选择题，每道选择题都有3个选项。就每位选手而言，答对18道题就算顺利通关。

就概率来说，随便答也可以答对1/3，也就是10道题。玛丽要参加这个竞赛，她只对9道题有把握。

那么，玛丽能够顺利过关吗？（P165）

共有几个苹果

小亮和小刚去山上采摘苹果，他们把所有的苹果一起放进筐子里。小亮说："我摘的苹果是筐里苹果总数的一半多一个。"小刚说："筐里的苹果只有4个是我摘的。"

筐里一共有多少个苹果呢？（P165）

求　佛

一个诚心求佛的中年人去寺庙游玩。刚进寺庙时，他就看见一尊佛像，于是他就把口袋里所有钱的一半加上1元钱投到了佛像下面的行善箱；然后继续向前走，走着走着，又遇到一个佛像，他就把口袋里的所有钱的一半加上2元钱给了它；接着他又遇到了第三个佛像，同样，他把口袋里所有钱的一半加上3元钱捐赠给了它。最后，这个中年人口袋里就只剩下了1元钱。

你知道开始时中年人的口袋里有多少钱吗？（P165）

快速数钱

妈妈给小东买了一个储蓄罐，小东每天都会将存下来的零花钱放到储蓄罐里面。很快储蓄罐里面就装满了，按照计算，里面应该有100元。

再过几天就是妈妈的生日了，小东想给妈妈买一件生日礼物。他在商店里面看到一条丝巾，标价75元，于是回到家里将储蓄罐里面的钱全部倒出来开始数。

他数钱的速度是30秒钟数5元，但是聪明的小东最后只用了不到3分钟的时间就数出了75元。

你知道他是怎么做到的吗？（P165）

逃脱火圈

周末，布朗跟哥哥两个人一起到郊外打猎。他们看到一只野兔子，兔子跑得非常快，兄弟俩一路追踪到了一片荒地里面，最终逮到了那只兔子。正当兄弟俩高兴地往回走的时候，发现荒地的四周已经燃起了熊熊大火，眼看着大火就要将他们包围了，布朗的哥哥急中生智，两个人没有往外面跑就成功地脱离了险境。

你知道他们是怎么逃离大火的灼烧吗？（P165）

聪明的老农

封建领主在城外圈占了一大片土地，并且派人看守。他交代看守的人员，不准任何人靠近他的土地。如果有人靠近就上前盘问："你来这里做什么？"如果那人说的是假话，就将他绞死；如果说的是真话，也不能幸免于难，他会被推到河里淹死，所以没有人敢闯到领主的土地里面，但是这天偏偏有一位老农民闯进了领主的领地。

看守按照领主的吩咐盘问他："你来这里做什么？"老农不慌不忙回答了。看守正准备将他绞死，但仔细一想却犯起难来。

你知道老农对看守说了什么吗？（P165）

怪异的选择

查理是一位医生，许多人鼓励他竞选市长，但是他自己一直犹豫不定。这天，他下班回家的路上，正好经过一条小巷子，里面有很多摆摊算命的"巫师"。查理决定进去试试"运气"。

他分别向甲和乙两位"巫师"请教了应不应该参加选举的问题。

甲巫师告诉他："刚才我所说那些话有60%是正确的。"

乙巫师告诉他："刚才我所说那些话有30%是正确的。"

奇怪的是，最后查理竟然采纳了乙巫师的意见。（P166）

还剩几支蜡烛

今天是玛丽和约翰的结婚纪念日，玛丽特意为约翰准备了一桌丰盛的晚餐，然后关上电灯，点上蜡烛，准备和丈夫吃一顿浪漫的烛光晚餐。

桌上一共点燃了8支蜡烛，象征着他们8年的幸福婚姻。玛丽正在一边等待丈夫回家，一边幻想着美好的场景。这时候，窗外突然刮起了风，1支蜡烛被吹灭了，接着又是一阵风，又吹灭了2支，玛丽连忙关上窗户。这时候，丈夫打电话给玛丽，告诉玛丽自己在酒店订了晚宴。玛丽一听，高兴地出门了。

那么，当他们吃完饭回家之后，桌上还有几支蜡烛呢？（P166）

比赛说谎

古时候，两个秀才找到一位画家，想要拜师学艺。画家说："我就坐在自己的书房，你们两个人各说几句话，谁要是能把我从书房骗到外面，我就收谁做徒弟。"

李秀才先开口说："先生，你的老朋友来看你了，你还是出来迎接一下吧。"一会儿又说："先生，外面来了一群耍把式的，表演真精彩，你不来看看吗？"任凭他怎么说，画家就是不为所动。

这时候，一边的林秀才说道："师傅，外面这么冷，我们实在是没办法让你出来了。要不……"

听完这话，画家竟然真的从书房出来了，他迈出门口才意识到自己是上当了。

那么，林秀才跟他说了什么呢？（P166）

珍贵的剩酒

在一家五星级酒店的大堂里面，有一个金碧辉煌的酒柜，里面盛放的都是客人们喝剩下的酒，有大瓶的也有小瓶的，但无一例外的都是世界各地的名酒。酒瓶旁边还用卡片写上剩酒主人的一些信息。

很多人不能理解，认为那些就是普通的剩酒，摆在大堂既不雅观也是对客人不尊重，但是酒店经理却坚持这样做，最终确实让酒店盈利颇多，名声大噪。

你知道这是什么原因吗？（P166）

书商的智慧

某国的一位书商由于经营策略的问题，导致一批图书滞销，眼看积存卖不出去，他很是着急。这时候，他想起本市市长十分喜欢读书，于是寄了一本书给市长，并且每天打电话给市长，询问他对这本书的看法。市长自然没有时间看书，随意回复他说："还不错。"书商便利用市长的这句话大做文章，成功地将滞销的书卖了出去。

又过了不到半年，书商又有一批书滞销。他再次使用了上次的办法，不过这次市长说什么也不肯给他做出评价了。可是，他还是想出了办法利用市长给他做了宣传。

你知道他是怎么做的宣传吗？（P166）

朝哪边的多

这天，小明和小华正在一起玩游戏，这时候他们的朋友小强来了，手里拿着一幅画。画上画着很多可爱的小狗，他们有的朝左边走，有的朝右边走。小强问他们："你们有没有什么办法，能够不数数就知道，画上朝左走还是朝右走的小狗更多一点？"

两个人对视了一会儿，然后开始想办法。

你能帮助小明和小华找到办法吗？（P166）

着火时的选择

设想这样一种情况：一间房子里面装满了文物，都是价值连城的稀世珍宝。突然，房子失火了，大火烧得非常快，你正好在房间里面靠近门的位置。如果要你抢救一件宝物，你觉得应该抢救哪一件呢？（P166）

巧过桥洞

船长驾驶一艘小型货船即将驶入港口，一路上都很平安顺利。没想到即将到达目的地的时候，船员向他汇报：前方的一座高架桥桥洞无法通过，因为船上装的货物比桥洞高了3厘米，由于货物是整箱装的，因此想要临时搬动是不可能的。船长为此有些犯难。

这时候，一位船员给船长出了一个主意，船长连夸他聪明，然后命令大家按照船员的办法做，很快货船顺利过了桥洞，抵达目的地。

那么，他究竟是怎么做的呢？（P166）

小狗赛跑

老王和老李同住在一个小区，他们每天早上都会出门遛狗。老王养的是一条沙皮狗，老李养的是一条长毛的狮子狗。

一天，两个人正好一起出门，于是决定让两条狗比赛，看看谁家的狗跑得更快。没想到长毛的狮子狗竟然最先到达了终点。

现在，哪条狗流的汗更多呢？（P166）

喂 熊

小李是一家动物园的棕熊饲养员，他已经做这个工作将近12年，因此对于喂食的量十分有经验。一只成年公熊每顿要吃15千克肉，一只成年母熊每顿要吃10千克肉，一只熊仔每顿要吃5千克肉。

但是新来的饲养员小王每天都会提着10千克肉去喂两只棕熊，难道有熊会挨饿吗？（P166）

分辨水和毒液

一位大臣得罪了国王，国王想要处死他，但是朝廷里面的其他大臣都替他求情。国王想要杀死那位大臣，但是又不想让众位朝臣觉得没有面子，于是想了一个办法。

他将大臣召到大殿之上，当着众位大臣的面让侍卫给大臣端来两个酒杯，里面分别放着水和毒液，但是毒液也是无色无味的，除了密度不同，从外表根本看不出区别。国王让大臣自己选一杯喝下去，如果他能喝到水，国王就答应立刻放了他。

大臣说自己想在临死之前喝一口自己家的井水，国王答应了，派人给他打来家里的井水。大臣喝完井水，很快分辨出哪一杯里面装的是水，端着喝了下去，国王只好放了他。

那么，大臣怎么分辨水和毒液的呢？（P166）

螃蟹比赛

这天放学后，迈克和约翰两个人一边走一边相互比赛猜问题。

迈克问约翰："现在让一个20厘米长的红色螃蟹和一个25厘米长的黑色螃蟹比赛，看谁能最先爬行1米？那么谁会赢得比赛呢？"约翰想了想，说出了答案。

你知道谁会赢得比赛吗？（P166）

不让座的文明城市

有一个城市的人民非常懂礼貌，他们将文明礼貌当作城市的标签。许多到过那个城市的游客也总是夸奖他们确实名副其实。如果一个残疾人上了公交车，就会有很多人争抢着给他让座，人们都非常反感不给老幼病残孕让座的行为。

这天，一位孕妇上了公交车，手里还提着一个菜篮子，可是车上没有一个人给孕妇让座，就连司机也没说什么。

这究竟是怎么回事呢？（P166）

不受影响

晚上，吃完饭后，小明的爸爸在一边读报纸，妈妈坐在沙发上看电视，小明回房间做作业去了。过了一会儿，突然停电了，屋里黑得伸手不见五指，妈妈和小明都开始抱怨起来。可是，小明的爸爸还是继续读着报纸，没受一点影响。

你知道这是怎么回事吗？（P167）

偷萝卜的野兔子

布朗先生是一位农民，平日里就靠着经营农场生活。最近，他开辟了一块荒地，在上面种上了很多萝卜，想着长了萝卜之后拿到集市上卖了补贴家用。

这天，他到萝卜地里检查萝卜的长势，却发现萝卜地被人毁得一片狼藉，决定连夜蹲守，抓到偷萝卜的贼。

晚上，偷萝卜的贼真的出现了，跑到地里就开始吃。布朗一

看，竟然是10只野兔子，于是拿起手中的枪，开枪打死了两只野兔子。

那么，你知道萝卜地里还有多少只野兔子吗？（P167）

毛毛的家庭作业

毛毛是一条青色的毛毛虫。这天从昆虫学校回到家中之后，毛毛开始忙碌起来。妈妈看到毛毛不停地摆弄一张纸，一会儿爬到这边，一会儿又爬到那面，于是妈妈问毛毛在做什么。毛毛这才告诉妈妈，老师给它们留了一份家庭作业，让它们想一个办法，从一张放在地面上的纸的一面爬到另外一面，同时要求中间不能停下来给纸翻面。

妈妈接着给毛毛做了一个动作，毛毛立刻就知道应该怎么做了。

你想到怎样才能让毛毛从一张纸的一面爬到另外一面吗？（P167）

杰克的头发

杰克是一个非常独立的孩子，每天放学之后他都和几个同学一起走路回家，从来不用父母特意去接。

这天，天上下起了倾盆大雨，妈妈赶忙准备雨伞和雨衣，正想去接杰克的时候，杰克却开门进来了。他身上的衣服和脚上的鞋子都湿透了，但是没有一根头发被淋湿。

这究竟是怎么回事呢？（P167）

谁的孔雀蛋

布朗先生是一位大富翁，他从国外买了一只美丽的孔雀养在家中，但是那只孔雀总是偷偷跑到隔壁邻居家里，这让他很烦恼。因为隔壁邻居是一位女士，她不喜欢动物，尤其是长羽毛的动物。

这天，邻居发现孔雀又来了，正想赶它出去，却发现孔雀在她的院子里面下了一枚蛋。她觉得应该能卖个好价钱，于是想据为己有。这时候，正好布朗先生来找他的孔雀，也伸手想捡蛋，两人为此争执起来。

那么，你认为这枚蛋应该属于谁呢？（P167）

奇怪的惯偷

泰德是一个惯偷，平时靠在街上偷盗为生。这天，他在一处空旷无人的地方看到一辆敞篷车，车上还插着车钥匙。可是这次他却没有偷车。

你知道这是为什么吗？（P167）

比赛规则

动物王国正在举行盛大的运动会，一条狗和一只青蛙正准备进行游泳比赛。平时，大家都知道青蛙游得快，可是这一次青蛙却倒霉了。犀牛裁判念完比赛规则之后，青蛙站在原地一动不动，结果狗赢得了比赛。

这究竟是怎么回事呢？（P167）

反常的人

炎热的夏天，农民们都辛勤地在田里劳动，有的施肥，有的除草。突然，天上开始乌云滚滚，一会儿就下起了倾盆大雨。大家纷纷往家里跑。这时候，有一个人却仍然站在原地一动不动。

这究竟是怎么回事呢？（P167）

行车速度

李明邀请张涛下午5点到他的家中参加聚会。张涛收拾好之后准备出门。他准备骑摩托车赶到李明家里。如果他保持15千米/秒的时速，那么就会提前1小时到达，但如果他保持10千米/秒的时速，又会迟到1小时。

那么，张涛应该用怎样的时速才能在正好5点钟的时候到达李明家中呢？（P167）

几个人吃饭

下班之后，几个好朋友一起到一家餐馆吃饭。本来大家一直实行AA制，但是这次却有两个人没有带钱包，于是剩下的几个人只好平分餐费。大家一算，正好每个人比约定好的多花了2元钱。

那么，究竟几个人吃饭呢？（P167）

分辨金和铁

现在，桌上摆着两个大小和质量完全相同的空心小球，小球表面涂着相同的颜色，但是一个小球是金的，另一个小球是铁的。现在要求你分辨出哪个是小金球，哪个是小铁球。要求不能破坏小球表面的油漆。

你知道应该怎样做才能分辨出来吗？（P167）

重组铁链

小杨是铁匠铺的学徒工，这天师傅丢给他5截铁链，每截铁链都是由3个铁环连在一起组成的。师傅让他尽快将铁链连在一起，重新做成一条长铁链。小杨想着一定要以最快的速度完成师傅交给的任务。于是，他想了一个好办法，最后只截断了3个铁环就将铁链重新组合成了一个长铁链。

你知道小杨是怎样做到的吗？（P167）

遇到多少司机

吉米是镇上的公交车司机。他所在的车队一共有20辆公交车，负责往返从镇上

让孩子更聪明的思维游戏

到市中心的一段路, 每天早上从小镇出发到市中心, 然后再原路返回, 回到小镇之后, 司机可以休息10分钟。

这天, 吉米开完第一圈回到小镇, 他发现休息室没有一个司机。没有司机在休假, 看来大家都还在赶路。吉米一边休息一边回想着刚才从他身边超过他的, 或者迎面驶来的同车队的司机。

你知道这一路吉米一共遇到了多少司机吗? (P167)

(P167)

多了几个人

9位商人一起赶路, 他们要越过一片沙漠, 一般情况下只需要三天就足够了。为了防止万一, 他们特意带了五天的水。第二天, 他们正在赶路的时候, 突然在沙漠里面遇见了几个因为迷路而口渴难耐的人, 对于要不要带这几个人上路大家发生了争执。最后, 大家还是同意带这几个人走出沙漠, 但这样一来, 剩下的水就只够他们一行人喝三天了。

那么, 商人们究竟收留了几个人呢? (P167)

(P167)

头上的证据

炎炎夏日, 很多游客到海边消夏, 在这期间, 一些游客的贵重物品接二连三的丢失。经过侦查后, 队长老张找到了一些蛛丝马迹, 并在酒店负责人的帮助下敲开了一位客人的房门, 这位客人和嫌疑人长得比较像。嫌疑人和这位客人有一个很大区别, 那就是嫌疑人梳着三七分头, 而客人则留着大背头。当老张说出自己的目的时, 客人马上说自己在这里住了半个多月, 并拿出照片来证明自己一直都梳着大背头。其他探员都有些疑惑, 这时老张微微一笑, 建议客人到美发室进行一个实验。

你能猜出老张要让客人进行什么实验吗? (P167)

(P167)

空着的手提包

小丽是公司的出纳员, 一天她手里拎着空空的提包向警察报案。警察赶到现场后, 向她了解具体情况。她告诉警察:"今天早上8点钟, 我到工商银行取了15万元放在手提包里, 当我拎着手提包走到这里的十字路口时, 一个摩托车冲过来停在我身边, 有人朝我狠狠打了一拳, 然后趁我晕倒在地, 把包里面的15万元都拿走了。"听完小丽的叙述, 一名老干警冷笑着对她说:"小姐, 不要编造谎言了, 你涉嫌自

盗，请跟我们走一趟吧。"

老干警发现了什么？（P167）

悬赏启事

丹尼尔有一块祖传的怀表，他原本一直戴在身上，可是有几天忘戴，放在家里了。一天当他想起来时，才发现怀表不见了。他马上在报纸上登了一条寻物启事：祖传怀表丢失，如有消息告知，有2000美元重谢。因为着急，他忘记写地址了。原本想着明天去补写地址，这时门铃响了，一名中年男士站在门外，说："我叫维特，我捡到了你的怀表，是来送表的。"说着，便掏出一块怀表，丹尼尔有些无法相信，他一看正是自己的怀表，非常高兴。他把维特请到家中，然后找借口到另外一个房间报了案。

丹尼尔为什么要报案呢？（P168）

让孩子更聪明的思维游戏

第六章 6
异想天开，挑战高智商

雅克种树

国王的女儿，也就是公主艾丽爱上了一位农夫的儿子雅克。国王并不同意这桩婚姻，但是公主却一直坚持，还威胁国王说，如果不同意就要和雅克私奔。国王不想他的臣民看笑话，又不想女儿和农夫的儿子结婚，于是出了一个难题给雅克。

国王让士兵给雅克送去7棵树，让他将树种在田里，种完之后树必须能排成5排，每排必须有3棵树。如果雅克不能按时将树种好，那么公主就不能嫁给雅克。

最后，雅克成功地种上了树，国王只好同意了他们的婚事。

你知道雅克是怎样种树的吗？（P168）

小黑过通道

小黑是一只蚂蚁，它正沿着自己留下的记号返回家中。当它走到一条地下通道的时候，前面走来一只年迈的蚂蚁爷爷。小黑想要给这位蚂蚁爷爷让路，然而通道太狭窄了，只能让一只蚂蚁勉强通过，它要是让路的话就必须要往回走好远的路。这时候，它发现前面不远的地方有一个凹洞，刚好可以容下一只蚂蚁，不巧的是，凹洞里面塞了一颗小石子。如果把小石子搬出来的话通道又会被堵住，那样的话还是没法通行。眼看怎么都不行，只能有蚂蚁退回去。这个时候，小黑灵机一动，想到一个好办法，让两只蚂蚁都顺利地过了通道。

你知道它们是怎么做的吗？（P168）

王子分饼

以前，欧洲有一个国家非常强盛，周边的7个小国纷纷臣服，每到特定的日子都会派使者送来金银珠宝，来宫廷里面朝拜国王。又到了一年一度的来朝拜的日子了，国王吩咐宫廷厨师准备7张特色的饼来招待使臣。没想到的是，这次竟然来了12位使臣，因为有5个国家派来了两位使臣同来朝拜。宴请的饭菜都已经准备好了，这个时候再临时做已经来不及了，这下急坏了国王。如果让那5个国家的12位使臣吃5张饼一定会引起不满，到时候难免会起纷争。

没想到，王子拿起桌上割肉用的刀子在那些饼上面划了几道，最多的用了4刀，最后就将7张饼均匀的分成了12份。

你能想出王子是怎样分的吗？（P168）

酒瓶的体积

桌子上摆着一瓶葡萄酒，酒瓶是普通的圆柱形。瓶内的葡萄酒水平面处在不超过瓶肩的位置。现在，如果你的手上只有一把普通的尺子，有没有可能测量出这个酒瓶的实际体积呢？当然，你不能破坏酒瓶或者打开酒瓶。（P168）

书页画点

从前，欧洲有一个很小的国家，国王有两个儿子。由于年纪已经大了，国王开始考虑王位继承的问题，但是，他的两个儿子都很贤德，这让国王开始犯起难来。

后来，国王将烦恼和他的王后说了。王后听完之后对国王说："反正两个儿子都是咱们亲生的，让谁当国王我都没什么意见。不过要管理好我们的国家，光依靠贤德是不行的，我们还要为国家选出一位聪明能干，有能力的君主，这样国家才能顺利发展啊！"听完这些话，国王决定好好考验一下两位王子的智慧。

这天，国王将两位王子叫到书房，给了他们每人一本书和一支笔。国王告诉他们，如果谁能够以最快的速度在书中每一张纸上都画一个点，那么他就能做储君，成为以后的国王。

最后，更加聪明的二王子赢得了这场比赛。他只用了不到两秒钟时间就在那本厚厚的书上的每一页都画了一个点。

你知道他是怎么做到的吗？（P168）

发号施令

这天上体育课，老师为了调动大家的运动兴趣，和同学们做游戏。

他将班里面的学生四人一组，一共分了8组，并在每组里面选出一个组长。每组剩下的三个人，分别需要被蒙住眼睛、捂住嘴巴和堵上耳朵。之后，老师对大家说："一会儿大家按照我刚才说的做好准备，然后由每组的组长发号施令，让你的组员开始跑步。我们比比看哪一组的组员能成功发出信号，并且让其他人都能按照指示开始跑步。"

一群人站在那里开始讨论起来。如果喊口号的话，那么被堵上耳朵的人就听不见；如果用旗子的话，被蒙住眼睛的人又看不见。

怎样才能让三个人都能按照发出的指令开始赛跑呢？（P168）

聪明的国王

从前，有两个国家十分交好，双方经常会互派使臣进行拜访。

这一年，A国的王子跟随使团来到B国，同时也是到B国游玩，因为B国的国内有很多风景名胜。听说王子要来，B国的国王赶快命人组织了一队随行人员，每天负责陪伴王子到处游览。

不幸的是，一天王子在一条古老的小巷子里面游玩的时候，被一条流浪的野狗给咬伤了。这下A国的国王大怒，非要逼着B国的国王将他国内的所有狗全部治罪。本来宰杀狗也不是一件难事，但是A国国王提出了一个要求，由于他本人也十分喜欢狗，所以不同意B国国王下令将狗宰杀，并且不能将任何一条狗放逐到其他地方，但是，他必须要让国内的狗全部消失。

B国国王答应了A国国王的要求，过了几年，B国国内的狗就全部消失了，但是国王没有宰杀或者放逐任何一条狗。

你知道B国国王是怎样做到的吗？（P168）

巧躲影迷

迈克是一位十分著名的影视演员。他为自己在郊外买了一处庄园。后来，狗仔队发现了他的住址，于是平时趁他不在家的时候，经常会有很多影迷找到那里，偷偷潜入庄园里面拍照合影，或者偷偷拿走迈克用过的一些小物品。

迈克虽然能够理解影迷们的热情，也为此感到十分高兴，可是毕竟这样下去，对自己的私人生活将会造成十分大的影响。

为此，迈克特意搬了几次家，但是每次都会被发现，然后就会变得像以往一样。

这次，迈克又搬了家。他特意在庄园的四周立起一个警示牌。果然，自此之后再也没有人来骚扰他了。

你知道他在警示牌上面写了什么吗？（P168）

商人戏土匪

商人克里夫骑着马去看望他在乡下的老母亲。马背上还驮着他为母亲准备的粮食，以及一些钱财。为了防止半路上遇上危险，商人特意戴上了自己的弓箭，他可是一位射箭高手。

走到一处山谷的时候，两个土匪不知道从哪里冲出来，将克里夫前后围住。他还没来得及架弓，土匪的刀子已经抵住了他的脖颈。

土匪说自己只是打劫粮食和钱财的，所以不会伤害性命，商人这才放下心。没想到的是，两个土匪因为分赃的事情吵了起来，克里夫一看有机可乘，于是对两人说："你们还是别吵了，要不我给你们想个办法吧。"

两个土匪听了克里夫的话，结果，克里夫带着粮食和钱财成功逃脱。

你能想到他是怎样对土匪说的吗？（P168）

百货商场

一位法国人到英国去旅游，当他来到一家百货商场的门口时，发现门口立着一块牌子，上面写着："在这里，你能找到任何市面上能买到的物品。只有你想不到，没有我们做不到。如果你不能在这买到你想要的物品，我们愿意赔偿10万英镑。"法国人看了看商场，应该有30多层，看样子确实应该物品俱全，但是，他看不惯这种狂妄的口气，于是进去看看。他逛了一会儿，发现里面真是一应俱全。他对售货员说："我想看看你们这里的直升机。"没想到的是，售货员竟然真的将他领到一间地下室，里面停放着一架直升机。

法国人不甘心，对他说："我要看肚脐长在腿下边的人，你们这里有吗？"这下售货员可犯了难，叫来了商场经理。经理听了售货员的报告，跟身边的售货员说了几句，接着法国人真的看到了肚脐长在腿下边的人。

你知道这究竟是怎么回事吗？（P168）

不孝子

从前，有一个小孩叫孙明，从小父母就将他交给爷爷奶奶帮忙抚养。孙明和爷爷奶奶的感情十分好，对两位老人也很有感情，但是，他的父亲却对爷爷奶奶并不那么孝顺，一年到头也不回来看望老两口一次，两位老人患病瘫痪后更是没有进过家门。

这天，孙明的父亲突然来爷爷家里了，还背来了两个竹筐。一问原因，孙明才得知，父亲是想将爷爷奶奶装到筐里面，然后将他们背着扔到山崖下面。孙明一听，跪在地上求父亲不要这样做，但是父亲并不听他劝告，将两位老人装到筐里面就想出去。这时候，跪在地上的孙明站起来，对他父亲说了一句话，他的父亲立刻就放下了筐，将老人放回床上，还认真地伺候起来。以后，他也每天都回家看望并照顾老人。

那么，孙明究竟说了什么话，让他的父亲竟然转变得如此快呢？（P168）

博士的妙语

史密斯博士一直致力于科学研究，由于项目得不到国家和学校的支持，为了进行研究，他不得不自己出资，生活过得十分清苦。一天，他去参加一个科学人士的聚会，上身穿了一件破旧的大衣，他的一位同事为此嘲笑他，他满不在乎地说："反正这里也没有人认识我，我穿什么衣服又有什么关系呢？"

后来，史密斯的研究获得了认可，他成了明星人物，不过简朴的生活习惯却一直保持了下来。他在一次聚会上又遇见了曾经嘲笑过他的同事。这一次，他仍旧穿着他的旧衣服，这位同事走过来嘲笑道："你现在可是咱们科研界的重要人物，怎么现在还穿得这样寒酸呢？"结果，史密斯说了一句话，那个人就没话说了。

你知道史密斯是怎样说的吗？（P169）

宫殿的新旧

一次，王宫里面的一座宫殿不小心失火，国王命令大臣尤里在别的地方重新选址，然后建造一座一模一样的宫殿。这是一座十分华丽的宫殿，不但结构复杂，里面的装饰更是十分绚丽，但是，国王却只给尤里三个月的时间，这样尤里就不得不白天黑夜地监督宫殿建造的进度。尤里终于按时完成了国王的任务。国王看尤里建造的宫殿几乎和原来的一模一样，很是满意。没想到，一个一直和尤里作对的奸臣却对国王说："这么短的时间根本不可能建造一座那样的宫殿，尤里一定是自己偷偷地建造了这样一座宫殿，可见他早就存有谋反之心！"国王听后大怒，于是质问尤里。这时候，站在一边的尤里的儿子查理说了一句话，国王也就不再怀疑尤里了。

你知道查理是怎么说的吗？（P169）

数兵器

战国时，各地方诸侯并起，其中秦最为强大。一次，秦王前去巡视军队的训练情况，身后有几位大臣跟随。到了训练场地，他发现数万名士兵正在进行演练，周边放着无数的兵器。这个时候，秦王对身后的大臣说："你们谁能在一刻钟之内查出我们的军队兵器多还是士兵多，本王重重有赏！"身后的大臣听了都觉得那么短的时间不可能查清，所以一个个都不出声。这时候，边上的一位士兵却说话了："大王，恕小人大胆，我有一个办法，想试一下。"秦王于是让他试试，没想到一刻钟之内，他就得出了结论。

你能想到那位士兵是怎么做的吗？（P169）

韩信点兵

秦朝末年，楚汉相争。刘邦的大臣萧何向他举荐韩信，并告诉刘邦，韩信是一位难得的帅才，虽然年轻，但却是一个智勇双全的人。

刘邦虽然十分相信萧何的眼光，但还是不太放心轻易地将统兵之权交给一个年轻的毛头小伙，于是决定考考韩信。

这天，他将韩信召到宫中，跟他聊了一会儿，然后交给他一块锦缎，告诉他："你能在这上面画多少兵，朕就让你带多少兵。"第二天，韩信带着锦缎来见刘邦，刘邦展开锦缎，立刻哈哈大笑，任命韩信做了大将军。

韩信是怎样在锦缎上面画出整支军队的呢？（P169）

漂亮的猴子

达尔文的进化论发表以后，有很多人并不接受他的理论，凡是他的理论的支持者总会在各种场合受到刁难。约翰先生就是这样一位支持者。

一天，约翰参加一位贵族举办的宴会，席间大家交谈甚欢。这个时候，主人的小女儿开口问约翰："听说你是达尔文先生进化论的支持者，那这样说来我们都是从猴子进化而来，你认为我也是一只猴子进化来的了？"约翰犯了难，因为小姐是贵族，如果坚持说小姐是猴子进化来的，很明显是不礼貌的，但如果不这样坚持，又违背了自己坚持的理论。这时候，他突然想出一个两全其美的回答，既维护了自己坚持的理论，又保全了小姐的面子。

你能想到约翰是怎样回答的吗？（P169）

聪明的助手

马克是一位著名的化学家，很多学校都争着邀请他去给本校的学生讲课，一般情况下他也总是欣然答应。一天，他的助手对他说："我也能像你一样给他们讲授那些知识。"他笑了笑说道："那下一次你就帮我去给一个学校的学生讲课吧，其实我也有些讲够了呢。反正那些学生也不知道我究竟长什么样子。"助手只是在开玩笑，马克竟然当了真，竟然真的让助手上台讲课。

没想到的是，助手果然讲得头头是道，课程也进行得很顺利。就在快要结束的时候，一位学生突然问了一个助手不知道的问题，这下可急坏了坐在一边的马克。如果被学校知道那就不太好了。

没想到，助手只是简单地说了一句话，就巧妙地化解了这次"危机"。

你能想到助手说了什么吗？（P169）

昏睡的观众

约翰是一位剧作家。一次，他陪同另外一位剧作家亨利一同观看亨利的悲剧所改编成的话剧。席间，约翰看到剧场的观众席有很多空座位，还有几位观众昏昏欲睡，于是半开玩笑地对亨利说道："看来你的悲剧实在是令人感动，好几位观众为此哭累了啊！"

第二天，约翰邀请亨利来剧场观看根据他写作的小说改编成的话剧。这一次，观众席几乎座无虚席。正当约翰为此骄傲的时候，却发现也有一位观众开始昏睡了。

这个时候,亨利终于抓住了约翰的把柄,也对他嘲笑道:"看来你的作品威力也不小,要不这位观众也不会睡得这样香甜啊!"约翰知道亨利这是在故意报复昨天自己对他的嘲笑。不过,约翰听完他的讽刺后对亨利说了一句话,接着亨利就不知道应该说什么才好了。

你知道约翰是怎样回击亨利的吗?(P169)

诸葛亮的"魔法"

看过《三国演义》的人都知道,诸葛亮用兵如神,神机妙算。一次作战的时候,由于一位大将的疏忽,导致诸葛亮的军队连连败退,眼看着敌人就要追上来了。当时诸葛亮的手下只剩下几千人,如果被追上必定是死路一条。

走到一处乱石坡,诸葛亮突然让大军停下,命令士兵们将身上的盔甲全部脱下来,换上轻薄的犀牛甲。众人满心疑惑,但还是听从了军师的命令。诸葛亮又命令士兵们将山坡上的大石头搬到道路两边,每一边都堆得半人高。然后让军队隐蔽起来。

当敌军追来的时候,无论是将军还是士兵,都感觉好像有人在往两边拉扯自己似的,所有人都觉得是诸葛亮施了魔法,心里开始乱起来。敌军将领看这情况,知道如果再继续追击,一定凶多吉少,于是下令撤军。

那么,究竟发生什么事情呢?(P169)

当时的时间

这天,小明去参加数学竞赛,拿到试卷后,小明快速审了一遍题目,然后开始做起来。中间,他看到试卷上面写着这样一个题目:现在,你不知道具体的时间,如果再过1000小时2000分3000秒,时针、分针和秒针就会重合在12点的位置,请你说出现在的时间。

小明想了一会儿,很快就给出了答案。

你知道当时的时间吗?(P169)

听钟声辨时间

中世纪的时候,欧洲的教会有很大的权力,各地都修建了很多大大小小的教堂。教堂的钟声悠远而绵长,能够传播到很远的地方,因此大家只要听着教堂的钟声就能判断时间。

如果每两声钟声的间隔是5秒钟,那么想要判断出什么时间是中午12点大概需要多长时间?(P169)

神奇的地方

在我们居住的地球上有一个地方十分神奇。在那里,钟表的指针无论指向几点钟人们都不能说它是错误的；人们也可以将昨天当作今天来过，也可以将今天当作明天来过。

你知道这样神奇的地方是在哪里吗？（P169）

数学老师的游戏

高中的数学课堂上，老师正在飞快地讲着各种命题和定理。这时候，老师发现好几位同学正睡眼惺忪，看样子很快就要睡着了。老师叫醒了那几位同学。他没有批评大家，而是决定和大家玩一个游戏，缓解一下课堂的沉闷气氛。

他将那几位昏睡的同学叫上讲台，将他们分成两组，分别站在他的两边。然后他拿出一张纸，在纸上画了几笔。接着拿着那张纸让两边的同学分别看了看。最后他让几位同学分别说出自己看到了什么。这时候，一边的同学说："看到纸上画了3个圆圈。"另一边的同学说："看到纸上画了5个圆圈。"两边的同学都很肯定自己没有看错，老师也承认他们说的都正确。

这究竟是怎么回事呢？（P169）

狗和骨头

老张赶集回来，手里面提了一篮子骨头。他准备给老伴熬一锅鲜美的骨头汤。到家后，他发现时间还很早，于是打算先把骨头放在外面，省得招引苍蝇进到房间。因为家里面养了一条狗，老张就将那篮子骨头放在了离狗窝很远的地方，应该足有8米远，他家的狗是用一根有5米长的狗链拴着的，所以老张很放心地把骨头放在那里。没想到的是，当老张中午出来拿骨头的时候，骨头竟然被家里的狗啃去了大半。

你知道这是为什么吗？（P169）

每天7封信

在20世纪，住在不同地方的人们进行交流还需要使用信件。那个时候，史密斯先生每天都会给他的朋友写7封信，每次他也都会同时将它们投递出去。史密斯先生为人严谨，所以写错地址或者名字的事情是不会发生的，但奇怪的是，他的朋友每天只能收到他邮寄来的一封信。

你知道这究竟是怎么回事吗？（P170）

适应力

杰克一家是土生土长的美国人，他们从来没有学习过汉语，也没有中国朋友。这天，杰克的父母带着他到中国旅行，他们虽然玩得很开心，但是由于语言不通，他的父母感觉受到很多限制，做很多事情都不是很方便。杰克同样没有学过汉语，但是他却没有感到一点不适应，反而对这个陌生的国家表现得十分好奇，总是一脸的笑容。

你知道这究竟是怎么一回事吗？（P170）

唯一的幸存者

很多很多年以后，地球上发生了很大的变化，很多生物已经灭绝，很多物种也已经发生了变化，看起来已经和现在的地球差别很大。就连人类也没能逃过这样的转变。

约翰是地球上唯一存活下来的男人，他一个人独居在深山里面，看太阳东升西落。

这天，他正坐在自己的小房间里面看前人留下的著作。这个时候，门外却响起了敲门的声音。他能清楚地分辨出来，那并不是动物撞击门发出的声音，也不是风刮动门的声音。当然，也并不是外星人到访。

你知道究竟是谁来拜访约翰吗？（P170）

圣诞老人的问题

每年到了12月的时候，小朋友就会十分开心，因为他们知道圣诞老人很快就会来给他们送生日礼物了。

马克和玛丽两个人就是这样一对欢乐的兄妹。这年的圣诞节，他们都向圣诞老人许下了自己的愿望，然后早早地睡下了。当然，他们都没忘记将自己准备好的长筒袜挂到自己的床头。

圣诞老人也早早地开始准备给大家的礼物了。那么，你觉得今年的圣诞节圣诞老人会最先将什么放到袜子里面呢？（P170）

奇怪的病人

最近，由于天气变化，早晚的温差又太大，导致很多人都感冒了。老人和孩子由于抵抗力比较弱更是有很多患病的。于是，医院里面人满为患。

这天，急诊室的医生正在忙着给病人看病，一个病人走了进来。医生问他："感冒了吗？"病人摇摇头。医生又问："肚子痛？"病人还是摇头。医生又问："头痛？"病人还是摇头。不管医生问他什么问题，他总是摇头回答医生，这让医生十分恼火，眼看就要发火了。这时候，一边的实习生对医生说："老师，我看这个病人是说不出话来了。"医生这才恍然大悟，终于明白病人是怎么回事了。

那么，这位病人究竟得了什么病呢？（P170）

勤快的老王

老王是个勤快人，他每天都会很早起床，然后把家里收拾得干干净净。有时候，他还会主动将小区里面的道路打扫得干干净净，大家都知道他这个人热心勤快，有什么事情都喜欢找他帮忙。这天，天刚蒙蒙亮，老王就从床上爬起来了。一些赶着上班的年轻人看见老王一边刷牙一边欢快地吹着口哨。

你知道老王是怎样一边刷牙一边欢快地吹口哨的吗？（P170）

孙大爷的帽子

孙大爷曾经担任过市里面的重要职位，退休之后一直和老伴过着平淡的日子。大家对这位老领导十分尊重，见了面总要和他打声招呼。就连新上任的领导见到他也总是表现得十分亲切。

每到冬天，孙大爷总会戴一顶帽子，因为他十分怕冷。无论是在房间里面还是外面，除了洗澡的时候，他从来不肯摘下自己的帽子。这天，孙大爷来到小赵的店里，结果立刻就摘下了自己的帽子。

你知道小赵是什么人吗？（P170）

不能丢掉的共同点

王明和赵阳是民政局的两位工作人员。这天，刚刚到民政局，还没有人来办理登记手续，两个人一边收拾一边闲聊。王明对赵阳说："最近来办理离婚手续的人真多，真不知道为什么啊！有好几对当初还是我给办的结婚手续呢，没想到这么快就离婚了。"赵阳说："现在大家都太浮躁了，有时候也不够理智。不过，他们这些人无论是来结婚的，还是来离婚的，当事人双方永远都会有一个共同点。"两个人相视一笑，明白了其中的意思。

你知道哪个共同点是什么吗？（P170）

最大的愿望

小董是一位普通的公司职员，他一个人在北京打拼，独居在一栋高层里面。为了能节省一点，他租住了较为便宜的顶层阁楼，虽然冬冷夏热，但是小董却坚持下来了。

这天晚上，小董加班到很晚，楼里面的电梯竟然坏掉了，他好不容易爬到了楼顶。这个时候他竟然发现早上出门的时候太过匆忙，自己身上没有带钥匙。

如果你是小董，在阁楼里的物品未失窃的情况下，这个时候最希望什么事情发生呢？（P170）

看开一点

这天，杰克带着自己的父亲到医院看病，因为父亲总说自己的眼睛不舒服，而且看东西很不清楚。

杰克带着父亲来到城里面最好的一家眼科医院。轮到父亲看病了，他小心翼翼地搀着父亲进了医生的诊室。医生看到他的父亲后，第一句话就说："你看开一点。"

那么，杰克的父亲得了什么严重的病了吗？医生为什么会这样说呢？（P170）

没写答案

布朗是一位化工厂的普通员工，一天下午，工厂里面的气体泄漏导致爆炸，当场炸死了许多工人。布朗虽然很幸运地得救了，却在这次事故中弄伤了自己的耳朵，医生说他暂时性的失聪了，不知道什么时候才能痊愈。

警察调查事故原因，发现就是布朗所在的车间发生的气体泄漏，于是向幸存者布朗询问当时的情况。因为布朗失聪，警方将需要提的问题写在纸上，然后交给布朗让他回答。

布朗受过教育，能够清楚地认识纸上的所有字，但是当他看完那张纸之后没有在上面写一个字回答问题。

当时，布朗的手和胳膊没有受伤，为什么他没有写下什么呢？（P170）

唯一的幸运者

一天早上，刚刚到警察局上班的王局长接到一位女士的报案电话，说在他们管辖的范围内发生了一起重大的恶性交通事故，要求他们赶紧到场进行帮助与救援。

王局长连忙带着队员驱车赶到了事发现场。结果，王局长和警员们发现，是一辆卡车和一辆客运大巴车相撞了，卡车司机已经当场死亡；客车上的司机和乘客都有不同程度的受伤，但是，孙明却在一边忙来忙去，看样子没有受一点伤。

这究竟是怎么回事呢？（P170）

蚂蚁的能力

课间，小明总是给小华讲童话故事。这天，小华正坐在座位上认真地听着小明生动地讲着故事。小青凑过去也想听听，她听到小明说："小蚂蚁蛋蛋一口气从日本的东京爬到了美国的纽约……"小青一听，立刻笑了起来，说道："你真是胡说八道，一只蚂蚁再怎么爬也不可能从东京爬到纽约啊！"没想到小华却一下站起来，对着小青说道："你什么都不知道，不要在这里乱说，蛋蛋就是一口气从东京爬到了纽约。"接着小华给小青解释了原因，小青这才知道自己错了。

你觉得小华会怎样和小青解释呢？（P170）

警察的举动

马克是一位尽职尽责的警察，他总是非常认真地巡查，不放过街上的任何一个坏人。约翰则是一个游手好闲的小混混，经常在街上偷人们的钱包。为此，马克曾经多次抓到过约翰，并且有好几次将他关进了监狱。

这天，马克又在街上看见了约翰，他正在街上偷一位老婆婆的钱包，所以没有注意到马克，但是，马克见到约翰后，拔腿就跑。（P170）

你知道这究竟是为什么吗？（P170）

哪个轮胎不转动

弗兰克是一位普通的汽车修理工。他的工作虽然很累，但是他总是能够给大家带来很多乐趣，所以大家都十分喜欢他。

这天，他一边修车，一边对和自己一起修车的艾尔说："考你一个题目，猜对了晚上请你吃饭。"艾尔很高兴就答应了，并让他赶紧出题。弗兰克说道："你知道当一辆在公路上行驶的汽车右转弯的时候，哪一个轮胎不会转弯吗？"艾尔一边修车，一边琢磨弗兰克的问题，可是直到修完车，他也没能想出答案。

那么，你知道答案是什么吗？（P170）

不生虱子的狗

布朗住在乡下，他经常在村庄里面看到一条流浪的野狗，看样子应该是一条母狗。它浑身总是脏兮兮的，经常在垃圾堆里面寻找食物。他想要收留那条可怜的狗，但是妻子害怕狗身上有病菌，坚持不同意布朗将那条流浪狗带回家中。

这条流浪狗虽然总是浑身脏兮兮的，但是它却不生虱子。

你知道这是为什么吗？（P170）

不能晚上吃的饭

杰西卡和弗兰克是一对年轻夫妻，两个人同在一家公司上班，由于工作需要，两个人经常会到深夜才能回家。回到家中后，两个人经常会做一顿夜宵来充饥。

这天下班之后，弗兰克正在准备夜宵，他对在一边忙碌的杰西卡说道："你知道这个世界上有一种饭从来不能在晚上吃吗？"杰西卡听后，露出惊讶的表情，对他说道："你不是开玩笑吧，怎么会有这么神奇的事情呢？"弗兰克等吃完饭之后才慢吞吞地告诉杰西卡答案，杰西卡听后连连说自己被弗兰克耍了。

你知道弗兰克说的是什么吗？（P171）

怎样倒硫酸

史密斯和德瑞克博士正在实验室里面做实验，由于资金匮乏，他们的设备都很简陋。史密斯需要往他调制的溶液里面添加5毫升的硫酸，但是实验室里面只剩下多半瓶的硫酸了。装硫酸的瓶子上面只有5毫升和10毫升两个刻度，他发现剩下的硫酸应该比5毫升要多,但是又不足10毫升。

现在实验室里面唯一的一个带着刻度的容器正在被德瑞克博士使用着,所以不能使用。为了不影响硫酸的性能,他们不想总是把硫酸在不同的瓶子里面倒来倒去。

史密斯先生应该怎样做才能准确地倒出5毫升的硫酸呢?(P171)

超速行驶

奎恩和汤米是两位富家子弟,他们是同年同月同日生的,又是邻居,于是成了要好的朋友。20岁生日这天,他们同时收到了父亲送的一辆跑车。两个人相约,周末开车出去郊游。

周末,两人开着自己的新车去了约定好的地点。路上,奎恩并没有超速行驶,但是后来汤米却因为超速行驶而被开了罚单。当天,他们两个人走的是同一条路,到达的时间也相差不到两分钟。

你知道究竟是怎么回事吗?(P171)

如何传递信息

史密斯先生和玛利亚小姐住在远离城区的农场里面,两家的房子相隔100米。由于地广人稀,周围只有他们两户人家居住。两人家里还没有安装电话,也没有手机、电脑。史密斯想要邀请玛丽娅小姐来他家里做客,可是,他既没有去玛利亚家里,也没有发射烟花之类的讯号,最终还是成功地邀请到了玛利亚小姐。当时,他的家里只有一些日用品,你知道他是怎样发出信息的吗?(P171)

稀世珍品

法国巴黎有一家艺术展览馆,人们称它是艺术的殿堂,它里面的很多作品都是稀世珍品,为此馆主给这些宝物投入了巨额保险,但是馆内的一幅十分著名的画却没有上保险,它可是数一数二的珍品,价值连城。

这究竟是为什么呢?(P171)

挂钟报时

马克西姆是一位牧师,他的生活非常有规律。在他的家里面有一个古老的挂钟,每天他都会听着挂钟的响声按时起床睡觉。

早上钟声敲6下的时候,他就起床了;敲8下的时候,他开始吃早餐;敲12下的时候,他就吃午餐;那么钟声敲13下的时候,他应该做什么呢?(P171)

军人的天职

一天,国王照例检阅士兵。突然,他想起了昨天晚上做的噩梦,他梦见有人叛变,叛变者劫持了他，为了不让叛徒逃走，他下令士兵冲着自己开枪，果然，士兵们毫不犹豫地开枪射击，他中弹而亡。于是，他对他的士兵们大喊道："我的士兵们，假如我下命令让你们对我开枪射击，你们会执行命令吗？"没想到士兵们用洪亮的嗓音齐刷刷地回答他："是的，陛下！执行命令是军人的天职！"国王被吓出一身冷汗，这时候，他听到一个不同的声音说道："不，我不会！"国王很高兴有人这样说，可是当他看到那个士兵的时候，却感到非常失望。

这究竟是为什么呢？（P171）

选择国王

从前，有一个国家的国王在和别国的交战中受了重伤死去，他没有兄弟，姐妹又不能当国王，两个孩子还很小，所以只能让皇后暂时掌管政权。

后来，将军们战胜了敌国，国家又重新恢复了安定，这时候大臣们都建议王后在两个孩子中选择一个国王。两个孩子都是王后和国王亲生的，他们两个人是同一胎，同时出生，但是性格却很不一样，其中一个十分聪明，深受王后和臣民的喜爱，另一个则十分调皮捣蛋，也不是很聪明，大家都不是很喜欢他。不过，最后大家还是选择了后面这个孩子做国王。（P171）

和爸爸一个名字

凯西上大学的时候结识了一位年轻老师，后来两个人成了很要好的朋友，不过，自从毕业之后，凯西就再也没见过这位朋友。这天，凯西正在街上遛狗，正巧遇见了那位朋友，于是两个人交谈起来。

"你好吗？好久不见了！"

"我很好，10年前我就结婚了，这是我的儿子。"朋友回答。

"真是可爱。你叫什么名字呢？"凯西问边上的小朋友。

"和他老爸叫同样的名字！"朋友接着说道。

凯西笑笑，说道："原来你也叫斯蒂芬啊！"

凯西是怎么知道小孩叫斯蒂芬的呢？（P171）

神奇的小狗

一天中午，午睡醒来的约翰发现他养的宠物狗杰克不见了，于是跑到屋外去找杰克，他大声呼喊，结果发现杰克跑到了家门口的小河的另一边。

杰克听到约翰的呼喊，高兴地冲着约翰跑了过来，它直接从河上面跑过来了，可是身上却没有沾到一滴水，当时河面上没有桥，也没有任何木棍之类的东西，河水又很深，那么杰克是怎么从河对岸跑过来的呢？（P171）

第七章 7
语言思维，发现语言背后的秘密

逼上梁山

我国古代四大名著之一《水浒传》中有一个故事"吴用智赚玉麒麟"，讲的是梁山军师吴用策划了一个计谋，最终逼得卢俊义投靠梁山的事情。

卢俊义是河北地区俊杰，吴用装作一位算命先生，来到卢俊义所在的地方，给他占了一卦。卢俊义当时正想方设法要避开"血光之灾"，于是按照吴用的要求将几句卦文书写在自家的墙壁之上。结果，没过多久，卢俊义就被官府以"反贼"之罪逮捕，最后逼得他只能投奔梁山。

这几句卦文是：

芦花丛中一扁舟，俊杰俄从此地游。义士若能知此理，反躬难逃可无忧。

你能看出其中的奥秘吗？（P171）

意外中奖

妈妈带着兰刚到精品店买礼物。兰刚看到一个微型的山水盆景上摆放着一只玩具老虎。他十分喜欢，想要妈妈买给他。可是妈妈手里的钱又不够买玩具虎。正为难的时候，售货员告诉他们，今天精品店正在搞活动，顾客可以用两个动作来猜两条成语，奖品就是这只玩具虎。

兰刚和妈妈想了好久也没猜出来。兰刚确实太喜欢这只老虎，于是用手把老虎从盆景上拿下来，仔细把玩了好一会儿，又放回了原处。这个时候，售货员笑盈盈地告诉他："小朋友，你刚才做的动作正好猜对了那两条成语，玩具虎就送给你了！"

你知道那两条成语是什么吗？（P171）

巧妙应对无礼者

查理是一位马戏团的演员，他主要负责表演引得大家欢笑的小丑。由于经常给大家带来笑声，他非常喜欢这份工作，观众们也非常认可他的表演。

这天，演出刚刚结束，一位观众走到他身边说道："小丑先生，看来你很受欢迎啊？我想知道的是，要想在马戏团受欢迎，小丑是不是必须要长一张愚蠢且丑陋的脸呢？"

查理没有生气，而是非常礼貌地回答了一句话，结果那个无礼的人只能灰溜溜地走开了。

你想知道查理对他说了什么吗？（P171）

聪明的反击

罗蒙诺索夫是俄国著名的学者。这天，他受邀参加一个晚宴，当天，他没太在意，穿了一个有破洞的衣服就去了。宴会上，他的一位竞争对手发现了他衣服上的破洞，于是走过来借机嘲笑他："从这样的一个破洞里面，我看到了智慧。"很明显，他的意思是在说："虽然你这人很有才学，但还是不得不过穷日子！"

听完他的话，罗蒙诺索夫不但没有生气，还自嘲似的说了一句和那人很类似的话，结果给了那位对手狠狠地反击。

你能想到他是怎样说的吗？（P171）

看动作猜成语

小明已经是三年级的小学生了，平时老师和同学们经常夸他聪明。这天，父母带着他去看望乡下的爷爷奶奶。

晚上吃完饭，一家人围在一起聊天。奶奶发现小明衣服上的扣子松了，于是拿出针线要帮小明缝扣子。这时候，爸爸对小明说："明明，你看看奶奶的动作，然后猜一个成语，猜对了爸爸有奖励。"

小明看看奶奶，左手拿着一根针，右手拿着一根细线正准备穿过去。他转着眼珠想了想，很快说出了答案，大家都夸他聪明。

你知道爸爸出的题目答案是什么吗？（P171）

犹太人和驴子

海涅是德国著名的诗人，他是一位犹太人。有一次，他参加一个聚会的时候，一个德国人想要让他出丑，当着很多人的面对海涅说："我曾经去过一个海岛，那个岛上物产丰富，几乎可以说这个世界上的东西应有尽有，但还是缺少了犹太人和驴子。"听到这话，很多人都不自觉地笑了起来，但是很快意识到这是对人的不尊重，于是刻意地压制起来。很明显，那个人达到了目的。这个时候，海涅非常从容地讲了一句话,不但有力地回击了那个人的辱骂,而且引得大家当场大笑。

你能想到海涅是怎样回答的吗?（P171）

莫扎特的告诫

莫扎特是一位音乐天才,4岁就能弹奏钢琴曲,10岁就已经能写交响乐了。当时,有很多人向他请教或者求学。一位少年找到莫扎特,想要向他请教如何写作交响乐。莫扎特见少年还太过年轻,于是说:"你现在就开始写交响乐为时过早,还是先练习一下写一些叙事曲吧。"这时候,少年反驳说:"你10岁的时候就开始写交响乐了,为什么我就不可以呢?"听到这话,莫扎特说了一句自信却又意味深长的话,少年听后,也就不再争辩了。

你知道他是怎样回答的吗?（P172）

发表自己的意见

二战时期,英国丘吉尔首相当政。按照英国的宪法要求,许多政令要通过议会的批准才可以下达,因此,经常可以见到议会里面发生激烈的辩论。

这天,在议会大厅里面,一位议员正声嘶力竭地发表着自己的意见,台下的丘吉尔却一直不停地摇头,很明显是反对他的意见。于是这位议员很气愤地对丘吉尔说道:"尊敬的阁下,我只是在发表自己的意见!"

丘吉尔非常淡定地回答了一句话,那位议员就无话可说了。

你知道丘吉尔说了什么吗?（P172）

让 路

歌德是德国著名的文学家,但当时还是有很多批评家对他的文章颇有微词。这天一早,歌德正在离自己家不远的公园里面散步,走过一条只能容一个人过的小路的时候,对面走来了一位批评家。那位批评家看到前面是歌德,故意提高嗓门说:"我从来不给蠢才让路!"歌德不以为然,非常有礼貌地退到一边,还笑着说了一句话,结果当场很多人都笑了起来,批评家气得说不出话来,灰溜溜地走了。

那么,你知道歌德说了什么吗?（P172）

不守诺言

1884年,科佩被选为法兰西院士。后来,一位当时并不出名的诗人的妻子跑来找他,请求他在下一次院士选举的时候投她的丈夫一票,并且十分伤心地告诉科佩,如果他不帮忙的话,她的丈夫就会因为选不上自杀。科佩只好同意了女人的要求,但是,那个人还是没能选上。几个月之后,法兰西学院再一次对外说要补充一个缺额,于是女人又一次跑来哀求,这一次科佩拒绝了女人的要求,女人无言以对。

你知道他是怎样说的吗?（P172）

巧答匿名信

美国历史上著名的总统林肯一直主张废除奴隶制度,为此发表多次演讲。

有一次,林肯在南方发表公开演讲,宣传他的废奴主张。这时候,有人从台下传来一张纸条,上面只写了"傻瓜"。当着那么多人,这很明显是一次公然的挑衅。不过林肯只说了一句话就扭转了这种不利局面。

你能想到林肯说了什么吗?（P172）

巧语化尴尬

城里的剧场老板大力宣传将会有一位著名钢琴家到城里进行表演,但演出当天却还是只有很少的人来观看表演,很多座位都空着,现场的气氛有些尴尬。

这时候,钢琴家主动说了一句话,在场的观众都笑了起来,气氛也得到了缓和。演出结束后,大家在回去的路上还在谈论钢琴家的机智幽默,对他的表演也很夸赞。

那么,当时钢琴家究竟说了什么呢?（P172）

谁更嘴馋

迈克平时总是大大咧咧的,吃东西的时候也是狼吞虎咽。这天,天气很热。迈克的妈妈买了一个大西瓜拿出来招待迈克的好朋友,大家高兴地吃了起来。这时候,朋友们看见迈克的吃相,于是商量好好取笑他一番。大家就将自己吃的西瓜皮都扔到了迈克身后。吃完西瓜了,迈克身后堆了一大堆西瓜皮,大家都笑他馋。谁知道,迈克说了一句话,大家就没话可说了。

你知道迈克说了什么吗?（P172）

作家钓鱼

风和日丽的一天,大作家约翰正在一个公园里面的池塘钓鱼。一个男人向他走过来,开口说道:"请问你是约翰先生吗?"约翰点点头表示肯定。男人又问:"你经常来这里钓鱼吗?"约翰又点点头说:"是的,我的技术还是不错的,今天已经钓到16

条鱼了。"这时候,男人非常严肃地说道:"约翰先生,我是这个公园的管理员。我们公园是不允许钓鱼的,虽然你是名人,可还是要交罚款。"说着拿出罚单要填上约翰的名字。约翰连忙制止了男人,说了几句话后,男人就只能放过他了。

你知道约翰对管理员说了些什么吗？（P172）

爵士的称赞

国王邀请国内的名流到王宫聚会。一时间，国内的著名人士都聚集一堂，大家欢声笑语玩得很开心。一位爵士看到一位美丽的小姐，看样子应该是单身，于是上前搭话。爵士非常礼貌地赞美道："这位女士，你真是非常的高贵美丽！"这个时候，那位小姐非常高傲的回答："真可惜，我不能用同样的话语来赞美你！"很明显，这样的回答既傲慢又无礼，但是，爵士对此并不介意，只是笑着说了一句话，那位小姐瞬间就没了刚才的高傲劲。

你知道爵士说了什么话吗？（P172）

妙语戏警察

布朗是一位足球明星。一天，他比完赛回到房间，和一位队友嬉闹的时候，不小心从二楼的阳台上面掉了下去，很多人赶过来围观。好在布朗没什么大碍，只是头上磕出了一个大包。一位巡警赶忙跑到这边，但是他似乎并不关心布朗有没有受伤，只是问道："出了什么事情？"布朗认出这是那个喜欢没事找事的警察，布朗当然不想事情闹大，于是说了一句话，结果把警察弄得一头雾水，事情也就这样过去了。

你知道布朗是怎样回答的吗？（P172）

医生骂人

从前，城里的一位财主得了一种很奇怪的病，连续数天都不能进食，找了很多医生都没能看好。这时候，听说京城有一位医生，技术精湛，于是派人去请。

医生来到财主家中，查看之后一言不发就走了，既没有针灸也没有留下药方。财主的家人以为是自己招待不周，安排了好酒好菜，又请医生过来看病，还准备了许多钱财送到医生家中。这次医生留下了一封信，财主打开一看，上面竟然写着："无耻财主，枉活人间。"很明显这是收了钱财却不肯办事。财主看完后大怒，连着吐了好几口血，可是没多久，他的病就好了。

这究竟是怎么回事呢？（P172）

改字释误会

龙凤客栈新来了一位店小二，他能说会道，深得老板喜爱。

这天，店里面来了很多客人，小二忙得不亦乐乎。正当他端着一盘"双龙戏珠"的名菜给楼上的客人送去时，一楼的一桌客人问道："这是我点的菜吗？"小二边走边说："这不是你吃的，是楼上……"还没等他把话说完，那位客人就将他手中的盘子打翻在地了，嘴里还说着："你竟然狗眼看人低，以为我吃不起这个菜，是吗？"小二连忙解释，将刚才说的话改了一个字，那位客人马上就不生气了。

你知道小二是怎么说的吗？（P172）

上桥与下桥

元宵佳节，皇帝宴请群臣。之后一行人在御花园中观赏花灯。来到朱雀桥前，皇帝问宰相："爱卿以为咱们国家的前途如何？"宰相说："上桥，上桥。"登上桥顶之后，皇帝又问了一次，宰相还是不回答，只是说："下桥，下桥。"皇帝龙颜大怒，说道："我在问你国家的前途，你却只跟我说'上桥''下桥'，你究竟是什么意思？"

宰相不慌不忙，给皇帝解释了一番，皇帝立刻龙颜大悦。

你知道宰相是怎样解释的吗？（P172）

巧解抽象艺术

一位著名的抽象派画家在法国的著名展览馆举办了一场画展，来参观的人中有一位军人。看到军人正在仔细地看着自己最得意的一幅作品，画家走上前去和他交谈。军人这时候非常直接地说："我不是很喜欢抽象画，因为它太不真实。"画家听完之后并没有生气，还拿来一杯酒和军人闲聊起来。这时候，军人从口袋里面拿出一张照片，说道："这是我的女朋友，她很漂亮。"画家接过照片，非常吃惊似地说了一句话，非常巧妙地证明了刚才军人对于抽象画的错误理解。

那么，你能想到画家是怎样说的吗？（P172）

巧妙的宣传

约翰拜当时的著名小说家为师，专心学习小说写作。这天，他终于完成了自己的一部小说，讲述的是男女主人公的爱情故事。拿给老师看后，老师告诉他："这必将成为一部传世之作。"可是，小说出版之后却一直无人问津。为了引起大家的关注，约翰在报纸上面登了一则征婚启事，很快小说被抢购一空。

你能想到他的征婚启事写了什么吗？（P172）

秀才的谎言

一位财主闲来无聊，于是让仆人告诉乡邻，凡是能够讲一条他从来没听过的谎言的人，都赏银100两，如果讲得不对，就要罚10两银子。

很多人跑到财主家里给他讲谎言，可是都失败而回，有的人甚至因此欠下了很多钱。这天，王秀才也来到财主家里。他张嘴就跟财主说了一句话，财主马上说："你说的是谎言，给你100两银子，赶紧离开我家！"

那么，王秀才究竟说了什么呢？（P173）

冒名电话

亨利是一位报社的记者，经常冒充别人给新闻事件的当事人打电话，以此套取有价值的新闻。

这天，街上发生了警匪枪战，一些警察在冲突中受伤住进了医院。亨利冒充当地的警察局长打电话给医院询问伤员情况。

接听电话的人一听说是警察局长，就非常配合地讲了具体的情况。听到对方这样配合，亨利决定将他的名字公布出来，于是询问："我能知道你的姓名吗？"可是当对方说出姓名之后，亨利吓得赶忙挂上了电话，从此再也不敢冒充别人打电话了。

你知道究竟是怎么回事吗？（P173）

不砍树的理由

李明的父亲是一个木匠，最近由于找不到活心情非常的低落。一天，父亲喝完酒从外面回来，看到家里面种的高大的槐树，拿起斧头就要砍倒，嘴里还说着："怪不得我的生活总是这样不顺利，这四四方方的院子里种一棵树，摆明了就是一个'困'字，我能不过苦日子吗？"

这时候，母亲和李明赶忙上前制止了父亲，但是父亲力气大得很，眼看就要拦不住了。

这时候，聪明的李明说了一句话，父亲立刻就停下来了。

你能想到父亲说了什么吗？（P173）

去世报道

著名作家马克·吐温为了专心写作一部全新的小说，将自己关在家中，连续一个月几乎没有与外人联系。一家报社听信了别人的谣言，将他去世的消息刊登出去。结果他的亲戚朋友都赶到他家中，对他进行悼念。结果大家发现，他竟然全心投入在写作中，于是大家纷纷谴责那家不负责任的报社。马克·吐温并不生气，还对大家说"报纸上报道我去世是千真万确的"，当他说完后半句话之后，大家都跟着笑起来。

你知道他对大伙说了什么吗？（P173）

凤凰飞翔

宫里有一位李妃非常得宠，恃宠而骄，在朝内为所欲为。如果想升官发财，就必须走她的"后门"，这简直已经成为一条不成文的规矩。

这天,皇帝和李妃正在看戏,就听见台上的戏子道白:"近日国家有喜事发生,因为有人看见凤凰出来飞翔。通常,凤凰出来飞翔有四种情况,预示的东西也各不相同。它向上飞预示风调雨顺,向下飞预示天下太平,向外飞预示四方来朝,向里飞预示加官晋爵。"皇帝一听就知道这是话里有话,但是也不好发怒。

你知道戏子的台词有什么隐含的意思吗?(P173)

挽救熊猫

目前,大熊猫已经濒临灭绝,有些动物专家建议将大熊猫捕获到动物园进行人工饲养和繁殖。下面四项是社会各界人士对此种做法提出的质疑,你认为哪一种观点对上述结论的质疑最强烈?

A. 动物学家:对野生动物的人工饲养将会改变它们的某些遗传特性和天赋能力

B. 饲养员:近5年,在全世界各动物园中出生的熊猫总数是9只,而在野生自然环境中出生的熊猫数量不容易准确计量

C. 学者:只有在熊猫生活的自然环境中,才有它们足够吃的嫩竹,而嫩竹几乎是熊猫的唯一食物

D. 评论家:提出这一结论的是一个动物园管理人,他带有明显的商业动机(P173)

小球排序

明明的爸爸给明明出了一道这样的题目,如果明明能够准确回答出问题的答案,那么爸爸就会带明明周日去欢乐谷游玩一天,以此算作对明明的奖励。爸爸用天平秤4个小球,当天平一边放上A、B,另一边放上C、D时,两边相等;当把B和D互换位置后,A和D高于B和C;当天平一边放上A、C,另一边刚放上B,天平就到了B的一边。

爸爸问这4个小球的重量的顺序是什么?(P173)

高明的反击

马克·吐温一次在纽约街上迎面碰上了两个议员,这两个人平时无聊透顶,总爱拿几个地位不是很高的人来寻开心。

看着马克·吐温迎面朝他俩走过来,他们假惺惺地装作很亲热的样子与其打招呼。其中一个人拍着马克·吐温的肩膀说:"马克·吐温,我们正在讨论你这个人到底是个无赖还是个穷光蛋呢。"

"哦,原来是这样。"马克·吐温一把抓住他们两个人,给予他们一句强有力的反击,使这两个自以为是的家伙无地自容。

你知道他说的话是什么吗?(P173)

运动会

某小学要举行一场别开生面的运动会,总共要进行4项比赛,分别是跳远、铅球、800米、跳高。每项比赛各班均出一名同学参赛。

跳远参赛的同学是吴、孙、赵、李、王;

铅球参赛的同学是郑、孙、吴、李、周;

800米参赛的同学是赵、张、吴、钱、郑;

跳高参赛的同学是周、吴、孙、张、王。

另外,吕同学因病4项均未参加。

由于要评出班级集体奖,可是负责统计名单的老师不小心将名单弄丢了,那么你能判断出谁和谁在同一班级吗?(P173)

狮羊同渡

在一节数学课上,老师出了一道有意思的题目: 3只羊和3只狮子同在一条小河的岸边,岸口只有一条小船,每次只能带2只羊或狮子渡河。在渡河的过程中,河两岸要随时保持羊的数量不少于狮子的数量,否则狮子会把处于少数的羊吃掉。

在考虑上述条件的情况来看,要怎样才能用这一条小船将它们全部渡到对岸去呢?(P173)

分岔口

一个小男孩被绑架了,一天,他趁没人时用刀将绳子割断,跑到一片大森林里,在里面走了很久也没找到出口。走到一个三岔路口旁时,他发现每个路口上都写了一句话,第一个路口写着:"这条路通向迷宫的出口。"第二个路口写着:"这条路不通向迷宫的出口。"第三个路口写着:"另外两条路口上写的话,一句是真的,一句是假的,我们保证,上述的话绝对可信。"

那么,他要选择哪一个路口才能出去呢?(P173)

发 牌

汤姆和三个朋友一起玩扑克牌。其中一个朋友负责发牌,他将第一张牌发给自己,然后按顺时针方向分别发给其他三个人。牌发到一半时,朋友的手机响了,他放下牌接了个电话,可是接完电话后他忘记了下一张牌应该发给谁。

其他三个人也回答不上来,一位朋友说:"算了,重新发吧。"可是汤姆却说:"不用,我有办法。"

你知道汤姆是怎么继续发牌的吗?(P173)

如此借口

海蒂的学习成绩一向很差,一次他又领回来不及格的成绩单。妈妈问其缘由,他找了一堆借口，说："我太忙了，都没有时间学习。"他说："我每星期要休息两天，一年就要休息104天；寒假和暑假加起来又有60天；每天吃饭要3个小时，一年就要46天；每天要睡8个小时，这样一年的睡眠时间就是122天；每天从学校到家的路程要用2个小时，这又有30天。你看所有这些加起来就有362天了，那么我一年之中只有4天学习啊，这样怎么会有好成绩呢？"（P173）

猜字母

史密斯在纸条上写了A、B、C、D其中一个字母，然后折起来让四个女儿猜纸条上是哪个字母。

大女儿说是C，二女儿说不是B，三女儿说不是C，四女儿说是A。史密斯听完后说："你们只有一个猜对了，再猜一遍吧。"这一次四个女儿很快猜出了纸条上的字母。

你能猜猜纸条上写的是哪个字母？（P173）

白芝麻与黑芝麻

李丽和刘芳去超市买芝麻，售货员说："一袋白芝麻9角钱，一袋黑芝麻1元钱。"于是，玛丽买了一袋白芝麻，并从口袋里掏出1元钱放在柜台上。

刘芳也将1元钱放在柜台上，说："阿姨，我也要买一袋芝麻。"售货员问也没问，直接就给刘芳拿了一袋黑芝麻。

同学们不妨猜猜看，售货员如何知道刘芳想要的是黑芝麻呢？（P174）

猜年龄

有4个年龄从1~4岁不等的婴儿。他们中有两个会说话，无论谁说话，只要说的是关于比他大的婴儿的话就是假话，说比他小的婴儿的话才是真话。婴儿甲说："婴儿乙3岁。"婴儿丙说："婴儿甲不是1岁。"

通过已知条件，你能猜出4个婴儿的年龄分别是几岁吗？（P174）

不合格的钻戒

有12个钻戒，已知其中有一个质量不合格，但不知道它的重量比合格的是轻还是重。现在用一台天平分3次把这个坏钻戒称出来，应该怎样称取呢？（P174）

四面八方的游客

在攀登珠穆朗玛峰的旅游胜地休息的途中，聚集了5个来自世界各地的游客，其中有2个人是英国人，其余的都是西班牙人。后来又有一名游客加入他们的队伍。他问这5个人都来自哪个国家时，5人的发言如下：

安妮说："艾美和贝蒂两者之中只有一个是英国人。"

艾美说："贝蒂和阿曼达之中只有一个是西班牙人。"

贝蒂说："卡瑞娜和阿曼达之中有一个人是西班牙人。阿曼达和安妮来自不同的国家。"

阿曼达说："艾美和卡瑞娜之间至少有一个是英国人。"

卡瑞娜说："安妮和艾美之中有一个是英国人。"

请问，他们各是哪国人？（P174）

淘气的小贝

小贝是个非常淘气的孩子，非常喜欢捉弄别人。一天，小贝的朋友乐乐来他家里一起学习。他趁乐乐不注意时，将乐乐的作业本偷偷藏在了写字台的抽屉里，并在3个抽屉里各写了一张纸条。

（1）中间抽屉的纸条上写着：作业本不在这里；

（2）左面抽屉的纸条上写着：作业本在这里；

（3）右面抽屉的纸条上写着：作业本不在左右抽屉里。

小贝说："3张纸条只有一句是真话，其余两句都是假话。你要是只打开一个抽屉就取出作业本，我就把它还给你。"乐乐虽然很生气，但是想了想，还是很快拿到了作业本。

同学们，你们知道作业本到底在哪个抽屉里吗？（P174）

求　婚

一个国王有5个女儿，他想把没结婚的女儿都嫁出去。一天来了几个求婚者，国王对他们说："如果你们哪个能通过我的5个女儿说的话判断谁没结婚，我就把女儿嫁给他，但是有一点我要告诉你们，她们中结婚的爱说假话，没结婚的爱说真话。"

老大说："老三说过，我们4个姐妹中，只有一个结过婚。"

老二说："老五说过，我们4个姐妹中，有两个结过婚。"

老三说："老四说过，我们姐妹5个都没结过婚。"

老四说："老大和老二都结过婚。"

老五说："老三结过婚，老大也承认过她结婚了。"

你知道她们中谁没结过婚吗？（P174）

三个好朋友

甲、乙、丙分别是水星人、火星人和木星人，水星人总是说真话，火星人总是说假话，木星人有时说真话，有时说假话。

甲说："我不是水星人。"

乙说:"我不是木星人。"

丙说:"我不是火星人。"

到底甲、乙、丙都是什么人呢?(P174)

生死计量

晏殊是我国宋代一位非常有名的词人,他从小就非常聪明,5岁便能作词。小小年纪就表现出很高的天赋,没有任何事情能难倒他。一天,父亲的朋友司马先生想考验一下这个神童,问他:"你那么聪明,那么你能算出我们宋朝每年生多少人,死多少人吗?"父亲说:"你还真把他当神童了,这种事情就算神仙也未可知呀,他又如何知道呢?"

小晏殊却当即回答道:"宋朝一年生一人,死十二人。"

同学们,你们知道这"一年生一人,死十二人"是什么意思吗?(P174)

排 名

数学课上,老师给大家出了一道非常有意思的题目:甲、乙、丙、丁、张、王、李、赵8人参加了1500米长跑比赛。

比赛结果如下:(1)李跑第4名;(2)甲比丙跑得快;(3)乙、丙、丁三人中乙跑得最快,丁跑得最慢,但不是最后一名;(4)王比张高4个名次;(5)王为甲、丙的平均数。

老师让大家根据已知排列他们的名次,同学们互相看了看对方,都不知道如何去排列这个名次。最后还是明明聪明,将8个人的名次准确而巧妙地排列了出来。

那么,同学们,你们能根据以上条件推算出他们每个人的排名吗?(P174)

4减4等于12

一天,妈妈给小丽出了一道难题,想要考考她。她说,能不能让4减4等于其他的结果,只要不等于0就可以,比如说,等于12。可以不用算术意义上的减法,可以试着想一下在生活上更广泛意义上的减法,可以拿生活中常见的物体作参考。小丽想了一下,终于从现实生活中找到了很鲜明的例子。

同学们,猜猜看,你们知道小丽是怎么做才得出12的结果吗?(P174)

寻找绿茶

有这样一道非常有意思的题目:在4个不透明的瓶子里面分别装有白醋、雪碧、酱油、绿茶，但是在装有绿茶的瓶子上的标签是假的，其他瓶子上的标签都是真的。

各瓶子上的标签内容如下：甲瓶子上的标签是："乙瓶子里装的是白醋。"乙瓶子上的标签是："丙瓶子里装的不是白醋。"丙瓶子上的标签是："丁瓶子里装的全是酱油。"丁瓶子上的标签是："这个标签是最后贴上去的。"

同学们，猜猜看，通过以上已知条件，你们知道甲、乙、丙、丁四个瓶子里面分别装的是什么吗？（P175）

小球排序

在一节生动的实验课上，老师拿出了6个小球，将它们摆乱，摊放在桌子上，但是每个小球上面都标着字母序号。

老师让同学们根据以下提示给这几个小球排一下顺序："A小球在B小球的左边；B小球是C小球右边的第三个；C小球在D小球的右边；D小球紧挨着E小球；E小球和A小球中间隔着一个小球；F小球是从左边数第五个。"

根据以上描述，你能猜出这几个小球的顺序是什么吗？（P175）

寻找一家人

有3户人家，他们是一母同胞的三兄弟。每家有一个孩子，他们是：艾米（女）、艾丽莎（女）、艾比。他们的爸爸是阿比盖尔、阿德莱德、阿普里尔；妈妈是安吉莉亚、安妮、布兰奇。对于这3户人家，有这样的描述：

（1）阿比盖尔家和安妮家的孩子都参加了女子乒乓球队；

（2）阿德莱德的女儿不是艾丽莎；

（3）阿普里尔和布兰奇不是一家人。

那么，哪3个人是一家人呢？（P175）

结论与假设

在美国一个益智类知识竞赛中，由于四个选手都是从美国顶尖学校挑选出来的精英，所以比赛进行到最后仍然难分胜负。最后淘汰两名选手，还剩余两名选手巅峰对决。

主持人给这两名参赛人员出了一道这样的题目，他说：所有的物质实体都可以再分，而任何可以再分的东西都不是完美的，因此，情感并非物质实体。请根据上文结论，从下面的四个选项中找出使其成立的假设。

A. 灵魂是完美的

B. 灵魂是可分的

C. 没有任何不完美的东西是不可再分的（所有完美的东西是不可再分的）

D. 所有可以再分的东西都是物质实体

请你推断一下，这四个选项中哪一个是使结论成立的假设呢？（P175）

林家铺子

在一节语文课上，一个新来的老师准备讲一篇课本上茅盾写的文章，以此来证实自己的授课能力，下面围坐了一排听课老师。

可是万万没有想到在介绍茅盾这位中国著名的作家时，就是因为这位新老师讲的一句话引起了听课老师的众多非议：茅盾的多数著作篇幅都很长，不是一天能读完的，《林家铺子》是茅盾众多著作中的其中一个，所以《林家铺子》不是一天可以读完的。

那么，你知道这句话的错误在哪里吗？（P175）

失踪的哥哥

因小区拆迁，在一个平凡而又普通的家庭里引发了一场血案：兄弟俩因为争夺一笔搬迁费造成感情破裂，哥哥离家出走从此不知去向。

一天，有人在离小区15千米外的荒郊野地里发现一具尸体，经证实是这个家庭里的弟弟。而在现场侦查时，警方在不远处还发现了死者父亲及母亲的尸体。

将这三具尸体带回去经法医验证后，发现死者父亲的血型是O型，母亲的血型是AB型，而死去的弟弟的血型是A型，在他身上发现另外一些血液，是凶手留下的，为AB型。

根据以上信息，你能判断出失踪的哥哥是凶手吗？（P175）

可怜的搬运工

载运大型货物的轮船停靠在岸边，船夫还没来得及系缆绳，一群搬运工就已经等不及了，齐刷刷地开始卸载货物。

搬运工从靠在岸边的船尾将货物一箱一箱地搬运到岸边，可是没过几分钟，你猜怎么着？船却离岸边越来越远了，最后可怜的搬运工根本就没办法将货物卸载到岸上。船夫不得不将船又重新开到岸边，系好缆绳后继续卸载。

你知道轮船为什么会离岸边越来越远吗？（P175）

孪生兄弟出生日

在某高中的一堂地理课上，老师给同学们出了一道奇怪的题目：本来是一对应该同年同月同日生的孪生兄弟，可是户口本上却记载着哥哥出生在2000年，弟弟出生在2001年。

你说这种事情可能发生吗？是不是户口本登记人记载错了呢？话音刚落，地理课代表林林举起手来说："老师，从地理知识的角度讲，确实存在着这样的事情。"

你知道林林是怎么向老师讲述的吗？（P175）

分辨矿石

一个挖矿人请来几位矿物学家辨认一块矿石。甲说："这不是铝也不是金。"乙说："这不是铝也不是铜。"丙说："这不是铜而是铝。"

后来挖矿人又请来一位业界非常权威的矿物学家来鉴定，他说："你们之中，有一人两个判断都对；另一个人的两个判断都错；还有一人的判断一对一错。"

你能判断出这块矿石到底是什么吗？（P175）

分辨真伪

在某电视台举行的一场知识竞赛中，主持人给参赛选手们出了一道分辨真伪的题目。

下面的三个结论中，有一个是真实的，你知道是哪个吗？（1）这里真实的结论有1个；（2）这里真实的结论有2个；（3）这里真实的结论有3个。

同样，下面的三个结论中，也只有一个是正确的，请选择出来。（1）这里虚伪的结论有1个；（2）这里错误的结论有2个；（3）这里错误的结论有3个。

试试看，你知道如何才能分辨以上结论的真伪吗？（P175）

鞋子的数量

在某中学的一节数学课上，老师给同学们出了一道非常有意思的题目，要求通过以下条件判断出鞋子数量最多的两名员工。

题目如下：某企业员工的宿舍里有4名女性，她们分别是张玲、李丽、许可和刘娜。在她们4个人当中，刘娜的鞋子比许可多；张玲和李丽的鞋子数量加在一起，许可和刘娜的鞋子加在一起，恰好是一样多；李丽和许可的鞋子加在一起比张玲、刘娜的鞋子加在一起要多。

题目刚说完，聪明的玲玲就迫不及待地举起手来，告诉了老师正确答案。

那么，你能根据以上条件判断出鞋子最多的两名员工是谁吗？（P175）

购　物

4个好邻居约好去超市购物，他们每人买了一样东西，分别是：一个MP3，一条裤子，一个水杯，一个旺旺大礼包。

这4件商品正好是在超市的4层中分别购买的。已经知道：甲去了一层；MP3在四层出售；乙买了一条裤子；丙在二层购物；甲没有买旺旺大礼包。回来的途中他们高兴地聊起这次购物的经历，当谈到对方都在几层买的物品时，由于当时购买物品时比较匆忙，他们都没顾得上看别人。

那么，通过以上给出的已知条件，你能判断他们分别在几层买了什么东西吗？（P175）

碑文的玄机

在某大学的一节考古课上，大学老师向同学们描述了一段玄妙而且有意思的碑文："这里躺着女儿；这里躺着父亲；这里躺着儿子；这里躺着母亲；这里躺着姐妹；这里躺着兄弟；这里躺着妻子和丈夫。"同学们听完之后感觉碑文有些莫名其妙。

看着同学们面部表情上表现出一副不知所云的面孔，老师停顿了一下，然后向同学们提出问题："如果包括同母异父或同父异母的关系，那么埋葬在墓地里的最少有几个人？"（P175）

谎言的破绽

神探柯南的住所离哈赛罗的寓所很近。一天夜里，柯南听到一声枪响，正碰上哈赛罗。哈赛罗喊道："保罗被枪杀了！"哈赛罗向柯南描述道："保罗是我的朋友，刚才我俩正在听

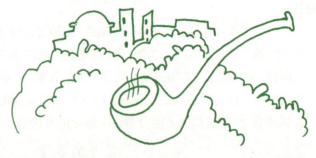

音乐，突然电灯全灭了，我正要打开应急台灯，这时前门闯进一个人，对保罗开了两枪，没等我反应过来，那人已经跑远了。"

柯南进入寓所，发现房间一片黑暗。然后他把被人拉开的电闸合上，房间里的电灯立刻全亮了，可是寓所里却是一片沉寂。柯南用犀利的眼光对哈赛罗说："你涉嫌谋杀，请你跟我到警署走一趟。"

请问，哈赛罗说谎的破绽在哪里？（P175）

演员的角色

有3个演员迈克尔、约翰逊和詹姆森，他们每个人在两部电视剧里都分别扮演两个不同的角色。这6个角色分别是：律师、记者、教师、售货员、会计和企业经理。请根据以下6条线索确定这3个演员各自的角色。

(1) 律师喜欢售货员的妹妹；

(2) 教师和会计在和迈克尔骑马；

(3) 律师嘲笑教师脚大；

(4) 约翰逊从会计那里收到一盒巧克力；

(5) 售货员从记者那里买了一辆二手汽车；

(6) 詹姆森吃比萨饼比约翰逊和售货员都要快。（P175）

第八章
类比思维，领略别样魅力

邮寄钥匙

王晓光是公司的业务经理，他经常需要出差，每次都要去离公司很远的地方，而且一待就是一周。这天，他接到秘书打来的电话，问他是不是将公司信箱的钥匙带走了，公司的领导正等着用呢。王晓光检查了一遍，发现真的是自己带走了，于是将钥匙装到信封里面邮寄回公司。可是，第二天，秘书还是打来了电话，说没办法打开信箱，但是钥匙明明已经邮寄到公司了，这究竟是怎么回事呢？（P176）

高人指路

英国伦敦曾经遭遇过严重的工业污染，以至于人们每天出门的时候几乎看不清对面的人是谁。为此，政府决心下大力度整治工业污染。

史密斯先生是一位公司高管，他要去参加即将召开的投标会议，但是外面浓雾笼罩，他只能选择步行出门。

走出家门不远，史密斯就迷路了，眼看时间不多了，如果继续这样胡乱走下去肯定就会迟到，到时候公司的损失可就是上千万啊！正当史密斯着急的时候，他和一个男士撞在了一起，连忙道歉，男士听说他是迷路了，于是说自己有办法让他快点到会议地点。正如这位男士所说，他只用了不到一刻钟的时间就将史密斯带到了会议地点。

那么，为什么这位男士能够完全不受大雾的影响呢？（P176）

两个玻璃瓶

同学们正在实验室做实验。这时候，化学老师走进实验室，他手里拿着两个透明的玻璃瓶，一个又细又高，另外一个又矮又粗，瓶子上面也不像别的烧杯一样标着刻度。同学们正奇怪呢，化学老师就开口说道："你们谁能不使用尺子、烧杯这些工具就测量出两个瓶子的容积谁大谁小啊？有办法的今天能得到一份特殊奖励。"

你知道用什么办法能得到奖励吗？（P176）

突然停止

小王第一天上班，眼看就要迟到了，他一口气从地铁站跑到公司的办公楼下，但是就在即将到达公司的时候，小王却突然站在那里一动不动了，而且没有人告诉他不用上班了，小王当时仍然急着去上班。

这究竟是怎么回事呢？（P176）

不是好妈妈

冯晓今年26岁了，她的儿子今年已经3岁多了，为了增进和孩子的感情，晚上下班之后，冯晓总会跟儿子做游戏。一天，她正在给儿子出谜语，她对儿子说道："有一位山羊妈妈正在屋子里面给她的宝宝缝衣服，这时候山羊宝宝从外面回来了，山羊宝宝刚一进门就听见山羊说：'现在你先出去，我的乖儿子！'山羊宝宝听了，一边往外面走一边说：'我是你的乖儿子，但你不是我的好妈妈！'你说，这究竟是怎么一回事呢？"

你能帮助冯晓的儿子回答这个问题吗？（P176）

暴力事件

下午，市中心的广场上上演了这样的一幕：一位漂亮的女士躺在地上，众多的围观者围住了这位女士，接着一个男人从人群中间冲出来，向这位女士的胸口猛击几下，之后将女士带走了，但是当场没有任何人对他加以阻拦。

你知道究竟发生了什么事情吗？（P176）

考试作弊

某学校的学生在考试的时候经常作弊，老师为此十分头疼。最后学校采取了这样的措施：每个考场有三位监考老师，20名学生，还有一位巡场的监考随时巡查。这样的情况下，没有人能够再作弊了，但是，老师最终还是发现了两张一模一样的考卷。

这究竟是为什么呢？（P176）

走出车厢

王经理是公司派去上海和一家有贸易往来的公司进行业务洽谈的代表。因为航班暂停，他只好到火车站买了一张动车车票赶去上海。

一路上火车速度非常快，王经理看看时间应该是足够的。可是这时候，他却突然打开了火车的车门走了出去。

这究竟是为什么呢？（P176）

交通处罚

马克是一位货车司机，他经常超载、超速、闯红灯、逆行，警察们都知道他是一个麻烦的家伙，并且称他为"公路杀手"，但是20多年了，马克却从来没有发生车祸，也没有被警察贴过罚单，驾照上也没有不良的记录。

这究竟是怎么回事呢？（P176）

上班的决心

马林曾经留学美国，回国后一直没有找到满意的工作，于是在家一呆就是两年。今年，他下定决心，只要有公司请他去上班，他就一定去，不会再挑三拣四，但是今年已经有人无数次请他去上班了，他仍然没去工作。可以肯定的是，马林是真的想去工作的。

那究竟是怎么回事？（P176）

高明的说谎者

真正高明的说谎者所说的谎言从来不会被拆穿，所以，一旦一个说谎者的谎言被拆穿，那么就不能说这个说谎者是一个高明的说谎者，真正高明的说谎者从来不会被人抓住把柄。

下面哪句话的推理方式和上面那段话类似？

A.马克是一位伪钞制造者，他制造的伪钞总是能骗过人们的眼睛，从来没有被发现，所以他是一位高明的伪造家

B.马克是一位伪钞制造者，他制造的伪钞一般情况下不会被人看出来，但偶尔有一两次会被人发觉，但是不能就此认为他的伪造手段不够高明

C.马克是一位伪钞制造者，他制造的伪钞一般情况下不会被人看出来，偶尔有一两次被人看出来，说明他制造伪钞的手段不够高明，因为真正的伪造者不会被人看穿

D.马克制造的伪钞很逼真，从来不会被揭穿，所以他是一位真正的伪造专家（P176）

自己的事业

如果你必须要让别人知道你在一件事情上面很擅长，那么你的产品就要做得比别人更好；当别人做的和你一样优秀的时候，你就要做到比别人提前一步；如果别人在速度上追上你的时候，你就要学会降低自己的生产成本；当别人的生产成本也降低的时候，你就要学会在产品上创造更高的附加值。

下面的几句话，哪一句最不接近上面的意思？

A.如果想要拥有自己成功的事业，你至少要在一件事情上面比别人做得更好

B.如果你在任何一方面都不能做到最好，那么你很可能会在与别人的竞争中败下阵来

C.如果你能在至少一个方面做到最好，那么你的事业一定能够获得不小的发展与进步

D.除非你能在至少一个方面做到最好，否则，你的事业就不会在与别人的竞争中

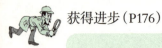

车间主任的理论

工厂里面的设备被人破坏了，车间主任坚持认为是工人杰克弄坏的，他的理由就是杰克不能证明自己没有弄坏设备。

下面的一些说法中，哪一项的说法和这位车间主任的说法很类似？

A.有的天文学家坚持托勒密的"地心说"，理由是：亚里士多德就是这样认为的

B.有人认为玛丽是一位风流的女人，理由是：玛丽的妈妈就是一位风流女郎，所以有其母必有其女

C.哥德巴赫的猜想是：每个大于6的偶数都可以表示为两个素数之和。这个猜想应该是成立的，因为没有任何人能够证明偶数不能是两个素数之和

D.有人认为宇宙是有边界的，他对不同意这种说法的人说："据说这是著名的科学家提出的，难道你比专门研究的科学家还要高明吗？"（P176）

犯错误

一个人不可能避免不犯任何错误。

下面的说法中哪一项最为接近上面的说法？

A.有一些错误一定是不能避免的

B.有一些错误可能是不能避免的

C.所有的错误都是完全不能避免的

D.所有的错误都有可能不能避免（P177）

面对恐怖袭击的态度

面对恐怖袭击，某国采取这样的态度：如果你和我们站在同一队列，一起反对恐怖袭击，那么我们承认你和我们是朋友；如果你不和我们站在同一队列，那么你就是我们的敌人。

下面的一些表达方式中，哪一项是和上面的意思不一样的？

A.如果老师的能力很高，那么即使是一位头脑不够灵活的学生，这位老师也能够培养他达到合格的成绩；如果他不能将这位学生培养达到合格，那就说明他的教学能力不是很高

B.一个人，要么无私地贡献出自己的一切，做一个道德高尚的人；要么不择手段地谋取私利，做一个卑劣的人

C.以体育项目为职业的人有两种命运：要么你获胜，面对的将是无尽的荣耀；要么你失败，面对的将会是无尽的黑暗

D.有一则手表广告语是这样写的：如果你戴着我们的手表，那么你就是一个成

功的人；或者你根本不戴手表，那么你是一个失败者（P177）

合格的国际人

如果一个人只会说外文，不能代表他就是一个国际人。

下面所列出的句子中，哪句话和上面的意思相符？

A.一个人想要成为国际人就必须学会说外文

B.如果不懂得怎样说外文就不能算是一个国际人

C.杰克能说外文，所以他可以算是一个国际人

D.想要成为一个合格的国际人，光学会说外文是不够的（P177）

手表的时间

桌子上放着5块电子手表，所显示的时间是根据一定的规律排列的。前面四块手表显示的时间分别是：1:01、3:01、3:12、4:13。那么，请根据桌面上电子手表所显示的时间规律猜测一下，第5块电子手表应当显示的时间是多少？

A.5:12

B.5:51

C.5:23

D.4:41（P177）

找不同

仔细观察下面的几个单词，找出和其他单词不相同的一个来。

A.STAIRS

B.ARTIST

C.ISTART

D.TRAITS（P177）

类比推理定义

类比推理指的是不同的两个对象在一系列上是相同的，而且已知其中一个还具有其他属性，由此推出另一个对象也具有相同的其他属性的结论。

根据上述定义，下面属于类比推理的是哪一项？

A.我们反对一切形式的贪污腐败，滥用职权是贪污腐败，所以我们反对滥用职权

B.想要维持公司的有序运行，就必须建立系统的工作制度。一家公司没能正常运转，所以这家公司一定没有制定系统的工作制度

C.水星、金星、火星都是沿着椭圆形的轨道围绕太阳运行的，所以说，所有的太阳系的大行星一定都是按照椭圆轨道围绕太阳运行的

D.美国的加利福尼亚州和我国南方地区的气候环境十分相近,而我国南方地区十分适合种植柑橘,所以美国的加利福尼亚州也适合种植柑橘(P177)

分拣员的成功率

快递公司里面有5位分拣员,他们的工作效率有很大的差异。其中,小王分拣的差错率最高,但是他是这家快递公司工作最好的分拣员。

下面的说法中,哪一项可以解决上面这段话存在的明显的分歧?

A.在小王工作的几年中,他每年的分拣正确率都一直保持非常稳定的水平

B.分拣部门的其他员工一致认为小王是一位非常优秀的分拣员

C.这家快递公司的困难任务都是交给小王去做的

D.参加这份工作之前,小王是百货公司信贷部门的一位职员(P177)

身份对号入座

史密斯夫妇生了三个孩子,他们分别是A、B、C,很不幸的是,三个孩子分别患有色盲、小儿麻痹症和口吃,但是,史密斯夫妇还是尽心尽力培养他们,三个孩子最终都成了才。三个孩子中,一个当了篮球队员,一个做了画家,一个做了翻译。画家需要出外写生的时候,就会将自己的孩子寄放在孩子姑妈家

中,与姑妈的孩子一起玩耍。每当他们看到电视上播出篮球队员的比赛的时候,两个孩子一个就会指着屏幕大叫:"那是舅舅!"另一个就会指着屏幕大叫:"那是伯伯!"

请问,ABC三个人的职业分别是什么?(P177)

最爱听的字母

英文字母一共有26个,那么请你仔细想一下,哪两个英文字母大家都喜欢听呢?(P177)

惊人的相似点

用扑克牌进行赌博活动肯定是一件既浪费金钱又浪费时间的事情,但是,仔细想象你就会发现,扑克牌和我们日常使用的日历有着很多惊人的相似之处。有人经过对比,发现两者之间有6处非常类似的地方。

你能找出这些相似点吗?(P177)

回请亲戚

清朝的时候，当时一位非常著名的画家张某到他的一个亲戚家中做客。他的亲戚十分抠门，张某也早有心理准备，他决心一定要在这位亲戚家吃一顿饭，看看这位亲戚能够抠门成什么样子。

到了中午吃饭的时候，张某一直故意赖在那里不肯离去。无奈，亲戚只好留张某吃饭。张某正为自己成功吃到这位亲戚的饭而暗自高兴，却看见亲戚端着一个煎好的鸡蛋出来了。亲戚一边劝他吃鸡蛋，一边说道："你来得真不是时候啊，要是再晚几个月来，就能喝上鲜美的鸡汤了。"

张某气愤地回到家中，心想着一定要给这个亲戚一点教训。这天，他回请亲戚。中午吃饭的时候，他没让家里的厨子做饭，而是自己亲自下厨做饭。磨蹭了好久，张某从厨房端出一盘竹片放到了饭桌上。亲戚看了看，眼看就要发火了，这时候张某说了一句类似于亲戚当初说过的话，于是那位亲戚只能忍气吞声了。

那么，张某究竟说了什么呢？（P178）

毛驴拉车

王小二是一个卖菜的小贩，这天他套上驴车，将家里面收上来的大白菜整齐地装到车上，赶着驴车到集市上卖。谁知道，走到半路的时候，遇见了一个陡坡。他见毛驴爬坡很费劲，于是从车上跳下来，在边上一边赶驴一边拉车，但是驴车还是爬不上去。这时候，正好一个彪形大汉从边上路过，看到王小二一个人赶车很吃力，就帮忙从后边推了一下驴车，很快毛驴就将满满的驴车拉过了那个陡坡。王小二感谢地对那位大汉说道："我赶着一头毛驴还真爬不过这个坡。"没想到的是，大汉一听王小二这话，一下子生起气来，给了王小二重重一巴掌，王小二又奇怪又委屈，但是面对这位大汉也不敢说什么。一会儿他反应过来，终于知道大汉为什么会打他了。

那么，壮汉究竟为什么打王小二一巴掌呢？（P178）

出神入化的笔法

古时候，有一位书画家因为笔法如神而名声大噪，许多文人学者和达官显贵都喜欢收藏他的画作，甚至有人为了求得他的一幅画作而和别人大打出手。

这位书画家有一个远方表弟，也是一位画家，但是名气和书画家就相差甚远了。这位表弟觉得自己和书画家没什么差别，总想找个机会和书画家比试一番。

这天，书画家的表弟来到他家，门口正好是书画家的书童在扫地，于是书童领着表弟进门。表弟见书画家书房的门敞开着，上面挂着一个门帘，就快步走过去，掀了一下门帘，没想到的是，他接着竟然转身就走了，一句话都没有留下。

你知道这是为什么吗？（P178）

演奏练习

许多高水平的音乐家都擅长演奏古典音乐,想要成为高水平的音乐家就得学会演奏,所以,演奏古典音乐要比演奏现代爵士乐花费更多的练习时间。

上面这段推理正确吗?(P178)

前进还是后退

有一句话是这样说的:"前进不一定能死得光荣,后退没有死也不见得就是耻辱。"

通过上面这句话,能够得出下面哪个结论?

A.后退可以认为死得光荣

B.前进却没有死就是耻辱

C.前进可以认为死得光荣

D.以上说法都不对(P178)

飓风的产生

拉丁美洲发生强降雨天气之后,美国部分地区总是会遭遇飓风的袭击,因此,气象学家得出结论:大幅度的强降雨会通过提升气压而导致飓风的发生。

读懂上面这段话,然后选出下面的选项中和以上论述相似的一项。

A.有研究表明,在上大学期间曾经参加过竞技性体育运动社团活动的学生,在毕业之后有许多都成了成功的企业家

B.有一种很奇特的菊花,它的花瓣会随着时间而不断变化。每到中午,它的花瓣就会渐渐合拢,所以,我们可以推断,这种菊花的花瓣一定会在午夜张开

C.世界历史的进程表明,一旦东欧的政局发生变化,整个中美洲的政局有时也会相应地发生变化。据此,我们可以推断,东欧地区社会发展的进程会导致中美洲社会发展的趋势

D.当汽车正常行驶的时候,在较长的街道上的速度一般要比在较短的车道上面行驶的速度更快,所以,行人在较长的街道上面行走要比在较短的街道上面行走更危险(P178)

类比错误

读高中的时候,很多人都有熬夜读书学习的习惯,王明经常会熬夜,所以王明一定是一个有着熬夜读书习惯的高中学生。

上面关于熬夜和读书人的关系的推论显然是不正确的,那么下面的哪一项论述恰恰正印证了上面论述的荒谬性?

A.小刚是一个笨蛋,因为所有的聪明人都是近视眼,但是小刚的视力非常好,他

能清楚地看到视力表上面最下面的小字

B.所有的有文化的人都是近视眼，老王近视度数很深，戴的眼镜有半厘米厚，所以老王是一个很有文化的人

C.数学上讲所有的素数都是自然数，而91是一个自然数，所以我们可以说91是一个素数

D.我们大家都知道一件事，那就是所有的猪都有四条腿，所以如果一个动物有八条腿，那么它就一定不是猪（P178）

存在生命的星球

除去地球之外的另外一个行星上如果想要有生命存在和发展，就必须同时具备两个特定的条件：第一，适宜的温度，这是行星本身和它的热量来源能够保持适当的距离的结果。正如地球一样，和太阳保持着适当的距离，才能在获得热量的同时，又不会因为太阳过高的温度而伤及地面上的生物。第二，行星本身至少在37亿年的时间里面保持着一个相对比较稳定的状态，它自身的温度变化幅度不能够过大，应当处于一个比较稳定的状态。同时能够符合上面这两点的行星在目前人类已经探知的范围内还没有找到，因此，地球算得上目前我们已知范围内唯一存在生命的地方。

上面这一个结论能够成立需要有一个前提，请你从下面的选项中选出来。

A.如果一种生命想要在某一颗行星上得到发展，那么这颗行星本身的温度变化一定要在一定的范围内

B.生命不能在地球以外的地方生存

C.其他行星上的生命形态想要得以存在，那么行星本身必须具备和地球一样的环境条件

D.在某一颗具有极端温度的行星上，有可能会发现地球上已经灭绝的生命形态（P178）

在哪里任职

大学毕业之后，同学们一直没能找到机会聚一聚。这天，王芳通过努力，终于找全了全班同学的联系方式，组织了一场毕业十年之后的同学聚会。

聚会上，李想对他的好朋友王鹏说："现在咱们隔壁班的班长可是A公司（A是一家国外著名的服装公司）的高级职员。"王鹏对李想说："你说的不对，我不久之前还在网上看到过他的照片，他肯定不是A公司的高级职员，因为他从来只穿B公司

的那个牌子的衣服。"

王鹏所说的话里面隐含着什么内容呢?

A.那位班长同时在A、B两个公司里面做兼职

B.一般而言,所有国际公司的高级员工为了自己公司的发展,都会使用自己所属公司的产品

C.那位班长在A公司里面工作并不顺利,一直没有受到重用

D.A公司和B公司两家其实同属于一个母公司(P178)

继承权的问题

在我国传统来看,长子继承权的内容是:"男人的第一个妻子生下的第一个男性婴儿,总是首先拥有继承家庭财产的权利。"但是,王老汉认为这种说法是不正确的,因为他小的时候曾经亲眼看到过这样一件事情:住在他家隔壁的财主孙铭死后,他的女儿继承了孙铭的所有财产,因为他的女儿是孙铭的妻子所生的唯一活着的孩子。

很明显,王老汉的理解是错误的,那么他是怎样理解的呢?

A.男人可以是这个孩子的父亲

B.只有儿子才能够继承家庭的财产

C.私生子不能继承家庭的财产

D.女儿不能算是第一个出生的孩子(P178)

德国人和啤酒

众所周知,德国人十分爱喝啤酒,查理就十分爱喝啤酒,所以推断查理是一个德国人。

上面的推理显然是荒谬的,那么,下面的哪一个选项恰恰和上面的推理犯了同样的错误呢?

A.能够走路的动物都有腿,而板凳有四条腿,所以板凳是会走路的动物

B.王蒙喜欢看国外俱乐部的足球比赛,李芳非常爱王蒙,所以李芳喜欢看国外俱乐部的足球比赛

C.在太平洋上面,有一个小岛,岛上生活着一个奇怪的部落,部落里的人都只说谎话。西斯是这个小岛上面的居民,所以西斯只说谎话

D.是金子就会闪光,所以所有闪光的东西都是金子(P178)

案件线索

警察正在调查一件十分棘手的案子,找到的线索很有限,只有下面几条:

A.所有的证据将A、B、C列为罪案的嫌疑人

B.嫌疑人A能够提供证据,表明自己并没有作案

C.也有证据表明嫌疑人B并没有作案

D.根据电视画面显示,当案件发生的时候,嫌疑人C正在远离案发现场的一个足球比赛的观众席上

下面是一些警员对于这个案件讨论的结果,你认为哪一项的推断是正确的呢?

A.从这些线索中可以看出,嫌疑人B没有作案的证据是假的

B.从收集到的线索得知,整个案件应该是一个人单独所为

C.嫌疑人C在案发当时一定不在足球比赛的观众席

D.目前所收集到的几条线索中一定有一条是假的(P178)

相似词组(1)

请看下面一组词语,然后从选项中找出和它们相类似的一组词语。

打折　促销　竞争

A.京剧　艺术　美感

B.奖金　奖励　激励

C.娱乐　游戏　健康

D.日食　天体　宇宙(P178)

相似词组(2)

请看下面一组词语,然后从选项中找出和它们相类似的一组词语。

图书　印刷厂　出版社

A.桌椅　家具厂　木材厂

B.电影　导演　制片人

C.楼房　建筑商　开发商

D.蔬菜　经销商　农户(P179)

相似词组(3)

请看下面一组词语,然后从选项中找出和它们相类似的一组词语。

冠心病　传染病

A.京剧　戏曲

B.细菌　病菌

C.老虎　哺乳动物

D.金鱼　两栖动物(P179)

相似词组(4)

请看下面一组词语,然后从选项中找出和它们相类似的一组词语。

考古　文物　博物馆

A.学习　员工　社会

B.耕种　庄稼　土地

C.教育　人才　企业

D.贸易　商品　工厂（P179）

相似词组（5）

请看下面一组词语，然后从选项中找出和它们相类似的一组词语。

设计师　服装

A.小鸟　飞机

B.收割　镰刀

C.建筑工人　高楼

D.黄鹂　鸟窝（P179）

镜子的方向

生活中我们每天都会用到镜子，爱美的小华总是对着镜子梳辫子、穿衣服。有一天她突然间想到这样一个问题："为什么镜子能够颠倒左右方向，却不能颠倒上下方向呢？"

你能够帮小华解答这个问题吗？（P179）

国王的画像

古代的欧洲，各个国家之间经常发生战争，连年的征战让人们十分痛苦，就连当时的国王也十分的不容易。因为身为一国之主，他们必须要在打仗的时候冲到最前线，这样才能激励自己的士兵，让大家勇往直前。

有一个小国家的国王便是如此。在连年的征战中，这位国王被敌人射瞎了一只眼睛，被砍瘸了一条腿。不过，最终他换来了战争的胜利，保卫了自己国家的人民。

终于能够享受和平的生活了，国王想到要为自己画一幅画像。于是，他将国内最有名的三位画师接到王宫里面，让三位画师分别给自己画一幅画像。

第一位画师为人十分憨厚正直，所以他给国王画像的时候，都是按着实际画的，最后他画出来的国王瞎着一只眼睛，瘸着一条腿，国王看了之后非常生气，因为没有人希望看到自己丑陋脆弱的样子。第二位画师为人圆滑，非常懂得曲意逢迎，所以他将国王画得双眼炯炯有神，双腿健壮有力，一副英俊帅气的样子，但是，这次国王还是非常生气，他知道这个画师只是故意在拍自己的马屁。第三位画师倒是也画出了国王的缺陷，但是国王看完他画的画像却十分满意。

你能想出第三位画师是怎样画的那幅画吗？（P179）

朋友和汤

约翰为人豪爽，结识了很多不同行业的朋友，其中有高级工程师，也有乡间农夫；有政府官员，也有军队士兵。每次朋友到了他家，他总是十分热情地招待他们。他的朋友有什么好东西，也总不会忘记和约翰分享。

鲜

前些天，一位猎人朋友送给约翰一只肥肥的野兔子，约翰当天就留下猎人，然后用一顿丰盛的晚宴和兔子汤招待了这位猎人朋友。第二天，几个自称是猎人朋友的男人来到约翰家，约翰同样热情招待了他们，给他们炖上了那锅鲜美的兔子汤。第三天，十几个自称是猎人朋友的朋友的男人也来到了约翰家里，这次约翰给这些人端来了满满的一盆泥水。这些人一个个很诧异，纷纷表示不理解，但是约翰很聪明地回答了一句话，这些人只好灰溜溜地离开了。

你知道约翰是怎样对这些人说的吗？（P179）

铁环转几周

有两个同样大小的铁环，将其中一个铁环固定到地面上，然后用另一个铁环绕着被固定在地上的铁环开始旋转。在这个过程中，保持移动的那个铁环能够一直和固定的铁环密切接触。

那么，当移动的铁环回到它的起始位置的时候，这个铁环一共自传了几周？（P179）

相反的观点

美国每年都会发生多起枪支伤人案件，所以有一些美国人认为政府应当对枪支弹药进行管控，因为枪支弹药具有潜在的对人的伤害，但是反对的人就会反问他们："厨房里的刀具、锅铲甚至于人的手脚都是能够伤人的武器，那么我们也应该让政府对这些加以管控吗？"

下面的选项之中哪一项和上面的观点的论述方法是一致的，但是得出的观点却是相反的？

A.政府发布了许多的法律和条例，用来管理人们的日常活动，那么为什么它不能管理枪支弹药的使用呢

B.假如像枪支弹药这样的具有伤害性的武器可以不受政府管理，那么为什么不允许人们拥有自己的原子弹呢

C.如果政府要求枪支弹药被管理，那么我们就不能阻止弓箭、厨具这样能伤人

的东西被管理

D.美国宪法第二修正案保证了公民具有携带武器的权利，如果一旦这种权利受到政府限制，难道不是违反了宪法吗（P179）

人工智能和飞机研究

人工智能的目标是模拟人的思维，但是针对人工智能技术进行研究的基础却并不是研究人的生理或者心理机制；人们根据鸟儿畅游蓝天的姿态发明了飞机，但是这种发明和之后的改进并不是以人类对于鸟类的研究作为基础。

上面的表述中将人工智能的研究比作了什么？

A.研究与制造飞机

B.模拟鸟类的飞行

C.模拟鸟类的飞翔原理进行设计

D.针对鸟类飞行原理的研究（P179）

第九章 9
判断训练，掌握正确的思维规律

孪生姐妹的生日

史密斯夫妇十分相爱，他们结婚之后第二年，妻子杰西卡就怀上了他们的孩子。因为杰西卡本身有一个双胞胎的姐姐，所以，大家都觉得她也一定能生一个双胞胎。夫妻俩也十分愿意有一对可爱的双胞胎，并且，两个人都喜欢女孩。让人惊喜的是，经过检查发现，杰西卡怀的果然是一对可爱的小姐妹。

几年之后，两个小姐妹已经长成校园里的姐妹花，同学们都来给她们过生日。这个时候史密斯夫妇告诉同学们说："姐姐露西今天要过她的第八个生日了，但是妹妹露娜才过第二个生日。"同学们一个个都惊讶万分，明明姐妹两个人是孪生姐妹，她们怎么会不过同一个生日呢？

你知道这究竟是怎么回事吗？（P179）

聪明的海盗

很久以前，在加勒比海地区经常会有海盗出没，经过的商船没有几个能够幸免，都会被他们打劫。

这天，一伙海盗驾驶着自己的海盗船行驶在大海上，他们正在追逐一艘经过的货船。突然，海面上刮起了巨浪，看来是海上暴风雨要来了。海盗们赶忙调离航向，向着安全方向行驶，但是，船身还是被暴风刮烂了，海盗船根本就不可能承受那么多人的重量。于是海盗头目下令，将船上的重物全部抛下海，同时，让船上的600名船员站成一排开始报数，凡是数到奇数的就必须跳下海，不然就会被杀死。就这样数了一轮又一轮。

一个聪明的海盗站在了一个安全的位置，不管怎样他都不会被扔下海。

你知道他站在哪里了吗？（P180）

天平称重

人们发明天平是用来称量物品的重量的，但是通常情况下，我们不会将每一个整克数都做出一个砝码，而是通过不同克数的砝码之间的相互配合利用来称量物品的重量。

那么，如果想要在天平上称量出1~40克的物品，最多需要使用几个砝码就足够了呢？这几个砝码分别是多少克呢？（P180）

竞拍汽车

某单位拍卖一辆旧汽车，当时王先生和李先生手里的现金不够，于是每人出了5000元，一起合伙买了这辆汽车。后来，两个人回到家里跟自己的老婆说了这件事情，两个人的老婆听完之后都骂了他们一通，那就是如果合买汽车，以后就会面临纠纷，就连两个人的朋友关系也可能因此而闹僵。

无奈，两个人想了一个办法。他们两个人竞拍这辆汽车，每个人都在纸上写一个价格，然后出示给对方看，谁的出价高谁就能够获得这辆汽车，当然，不能出价5000元，付钱的时候，要按照对方的出价。

那么，你知道怎样出价才能更胜一筹吗？（P180）

咖啡和牛奶

史密斯先生是一位农夫，由于地位卑微，他只能整日的在农田里干活养活一家人。不过他为人勤奋，农场被他经营得十分有生气，既有种菜的菜园，又有种庄稼的粮田，边上还养着一群花奶牛，一家人不用出去买菜买粮就完全能够自给自足，甚至有很多城里人想用钱买下史密斯的农场，不过都被史密斯拒绝了。因为他觉得这样的生活非常美好，他不愿意像城里人一样每天呼吸着不干净的空气，吃着不新鲜的蔬菜。

这天，当地的一伙恶霸来到了史密斯家中，他们威胁史密斯把农场卖给他们。恶霸见史密斯态度强硬，说道："这样吧，我给你出一道题，要是你能答对了，我就再也不提你把农场卖给我的事情；要是你说错了，你今天必须把农场卖给我。"史密斯知道自己根本没有选择的权利，只能答应。

恶霸让他的手下倒了一杯咖啡，又煮了一杯牛奶放在桌上。接着，恶霸用小勺子从牛奶杯里舀了一勺牛奶放到咖啡杯中，然后慢慢地搅拌。接着，他又从搅拌好的咖啡牛奶中舀了一勺放到牛奶杯里面，接着又搅拌均匀。重复两次后，他对史密斯说："你来说说，是牛奶杯中的咖啡多，还是咖啡杯中的牛奶多？"

你能够帮助史密斯做一下判断吗？（P180）

谁是撒谎村的人

城里面的一家酒店正在招聘服务员，待遇非常不错，但是对于服务员的要求也比较高。想要成为这家店的服务员要经过层层选拔，不过招聘告示一出，很快就吸引了很多来面试的人。经过选拔，露西、艾玛和安娜都成功地进入下一轮选拔。

这次面试她们的是酒店的主管，他知道这座城周围有一个撒谎村，那里的村民总是撒谎，而且有很多村民喜欢到城里打工赚钱，所以，他必须找出撒谎村的人，以防日后工作的时候造成麻烦。经过他的调查，只有一位撒谎村的村民来这里面试，并且进入了复试。

露西、艾玛和安娜三个人作为同一组的人一起到主管办公室面试。

主管开口就问露西："你是撒谎村的？"

露西愣了一下，说了一句话，但是声音太小了，主管根本没听清。这时候一边的艾玛开口说："露西说'我不是撒谎村的'，还有我也不是撒谎村的，你放心好了！"一边的安娜也接过话茬说："我知道艾玛住在和我相邻的村子，就是那个撒谎村，但是我们村不是撒谎村。"

主管根据这些话能不能判断出她们三人谁是撒谎村的呢？（P180）

蔬菜的营养价值

蔬菜中有很多维生素以及其他的营养物质，因此我们在日常生活中不能偏食，必须要适当地摄入蔬菜，才能保证身体不会缺乏必需的维生素和营养。

在我们经常食用的蔬菜中，甘蓝的营养价值高于菠菜，绿芥蓝的营养价值高于莴苣。那么，请你判断一下，当下面的内容中哪一项成立的时候，不能使甘蓝的营养价值高于莴苣。

A.绿芥蓝的营养价值高于菠菜

B.菠菜的营养价值高于绿芥蓝

C.菠菜的营养价值和莴苣相同

D.甘蓝的营养价值和绿芥蓝相同（P180）

童话书

有兄弟两个人都十分喜欢读书，特别是童话书。从小，他们的父母每天都会给他们读一篇童话，要不然他们就不肯安然睡觉。长大后，他们两个人都会将平时的零花钱攒起来，经常去附近的书店看看有没有什么新的童话书，如果有的话，兄弟两个人都会买，书店的老板都认识他们两兄弟。

这天，兄弟两个人又来书店看书了，老板看到他们两个人进来，直接把一本新书递到他俩面前，然后说："这就是新到的童话书，你们看看要不要买吧！"

兄弟俩争抢着看起来，被书里面的故事深深地吸引住了，要不是书店老板提醒，他们简直就忘记了中午还要回家吃饭。哥哥和弟弟都跑回家，将自己存钱罐里面的钱拿出来打算去买那本书。来到书店之后，老板告诉哥哥，用他的钱买书，还差5元；用弟弟的钱买书也还差1角；如果用兄弟两个人的钱合在一起买，钱还是不够。

通过上面这些叙述，你能判断出这本童话书的价格是多少吗？（P180）

村子里的医院

有一个小山村，村子里面一共有100户人，大家住在一起，其乐融融，有什么事情也能互相帮助。后来，政府到山里面开发资源，于是将村子里面的100户村民搬迁到了一处平坦的地区，100户人沿着一条公路的同一侧整齐地排列着。后来，村民们向政府反映，离村子最近的医院也要走上半小时才能到，十分不方便看病，要求在村里面建一家医院。为了方便所有的住户，村民们要求医院的位置一定要选好，最好能够让所有村民到达都十分方便。也就是说，所有村民到医院的距离之和一定是最小的。

根据村民们的要求，你觉得政府部门能够建造这样一家医院吗？（P180）

热胀冷缩

上一节物理课上，老师给同学们讲了"热胀冷缩"原理。这节课上课之前，老师说："上节课我们讲了'热胀冷缩'，现在找一位同学回答一下我的问题，看看他能不能答对。"小明是物理课代表，于是十分积极地举手要回答问题。

老师叫起了小明，然后开始出题："假设有人在一枚硬币中间穿了一个小孔，并将这枚硬币放到烧杯上面用火不断加热，那么这枚硬币上面的小孔是会变大还是会变小呢？"

小明回答说："金属受热后会膨胀，这样一来，硬币中间的小孔就会受到挤压而变小。"

根据你的知识，你能判断出小明说的答案是正确还是错误吗？（P181）

旗杆的距离

操场上矗立着两根10米高的旗杆，有人用一根15米长的绳子分别系在了两根旗杆的最顶端，然后让绳子自然下垂。根据测量，绳子的底部距离地面2.5米高。那么，在不使用任何工具测量的前提下，孙静说她可以判断出两根旗杆之间的距离是多少。

你觉得孙静的判断会正确吗？（P181）

互联网在躁症

当今社会中，人们越来越多地依赖互联网进行办公、娱乐、生活和交流，可以说

让孩子更聪明的思维游戏

真正的互联网时代已经来临,接触互联网的人群也从之前的学者或者青年人扩大到各个阶层,但是,伴随着互联网的普及,许多问题也逐渐暴露出来。一项研究表明,越来越多的人在使用完互联网之后会出现不同程度的不适症状。专家们收集了针对1万个来自不同群体的个人所做的调查问卷,1/3的人承认,自己上网之后感到烦躁。20岁以下的网民中则有44%的人承认,自己上网后会感觉紧张烦躁。据此,有关专家认定,"互联网狂躁症"是确实存在的。

根据上面这段论述,请你判断一下,下面哪一项最不可能成为"互联网狂躁症"的病因?

A.由于互联网用户不断增多,网站的承受能力有限,在访问一些热门网站的时候很可能会出现网速缓慢的状况,因此需要等待的时间也就更长

B.上网者在搜索资料的过程中,通常只是使用搜索引擎搜索关键词,这样得到的结果可能并不匹配,既浪费了时间也没有效率

C.在我国,使用互联网是需要交费的,这样用户的上网时间就受到了限制

D.在互联网上,人们能够接触到的信息十分庞杂,很容易被各种信息误导,导致判断力出现问题,甚至对自己失去自信(P181)

最少几个人

圣诞节是美国人一个非常重要的节日,就好像是中国的春节一样。每到这一天,一家人就会聚到一起,然后欢乐地开始新的一年。

这天是圣诞节,艾米丽一家人已经聚齐了。这时候艾米丽对大家说:"我们这一大家,有一位祖母、一位祖父、两位母亲、两位父亲、一位岳父、一位岳母、一位儿媳、四个孩子、三个孙子、一位哥哥、两个姐姐、两个儿子、两个女儿。"艾米丽这样一说大家先是愣了一下,接着就开心地笑了起来。

那么,你能根据艾米丽的话判断出这一大家最少有多少人吗?(P181)

正确的按钮

杰克是一位小说家,但是他写的小说一直没能发表,因为他之前没有一点名气,出版商不愿意将钱花在他的身上。他自己又没有钱,所以也不能自费出书,但是,杰克从来没有放弃他的创作,并且一直坚持不懈地向报社投稿,期望有一天报社的编辑能够赏识他,将他的小说在报纸上发表。果然,功夫不负苦心人,有一家报社的编辑读了杰克的小说后,决定在报纸上专门为他开一个专栏,连载他的小说。就这样,杰克很快被大家熟知,他几乎是一夜成名。当然,这之后每天去他家拜访的人也络绎不绝,因此,杰克感到很烦恼。因为每天接待那么多的访客让他不胜其烦。后来,设计人员给他安装了一个特殊的门铃装置。

在他家的大门上有6个按钮，但是其中只有一个是通门铃的。来访者只要按错一个，整个门铃系统就会停止运转。在他家的门边，贴着这样一张纸：A在B的左边，B在C右边的第三个，C在D的右边，D紧靠着E，E和A中间隔着一个按钮。上面没有提到的按钮就是门铃的按钮。

你能根据提示判断出哪个按钮是门铃的按钮吗？（P181）

作案时间

马克住在一个单身公寓里，由于隔音效果不好，他经常能听见隔壁邻居大声说话的声音。他的这位邻居非常喜欢看恐怖影片，因此常常会从他的房间里传出惊恐的叫声，时间一长，大家也就不以为意了。昨天晚上，马克又听见了邻居惨烈的叫声，他没有多想，只是堵上耳塞继续睡觉。

第二天，马克起床后发现邻居的屋门口围了很多警察，他往里一看，邻居已经死了。负责案件的警察后来询问了死者的几位邻居，他们的口供如下：

（1）一位大爷说："晚上12:08分，我起来上厕所，听见了那个小伙子的惨叫声。"

（2）一位经常失眠的中年女人告诉警察："那个家伙尖叫的时候真好是11:40，当时我正在看晚间综艺节目。"

（3）当晚值班的管理员对警察说："昨天那小伙子尖叫的时候应该是12:15，因为我还有15分钟就要跟同事换班了，所以记得很清楚。"

（4）马克则对警察说："当时应该是11:53，因为我的前女友当时给我发了一条短信。"

但是，后来警察了解到，四个人的表都不准，一个慢25分钟，一个快10分钟，一个快3分钟，最后一个慢12分钟。

根据这些线索，警察能够判断出真正的作案时间吗？（P181）

作家的生卒年

19世纪，欧洲出现了很多著名的作家。其中英国的一位作家出生和死亡的年份都是由相同的四个数字组合成的，只不过排列的位置有所变化。他出生那一年4个数字之和是14，他去世那一年的年份十位数是个位数的4倍。另外，他出生和死亡都在19世纪。

你能根据这些信息判断出这位作家的生卒年吗？（P181）

射门训练

某学校组织学生进行趣味足球比赛，参赛者不论男女，按照射进球门的球的数量来判断胜负。

这天，A、B、C、D、E五个人一起来到足球场进行射门训练。他们每个人都拿了自己的足球，分别向球门射门，大家互不打扰，各自进行训练。休息的时候，大家聊起自己刚才射门射中的次数。最后的结果是这样的：

(1)A射中的次数比D要多一些，但是没有B多；

(2)C发挥得不是很理想，射中的次数最少；

(3)B比E射中的次数要少。

根据上面这些线索，你能判断出训练中他们射中球门次数的名次吗？（P181）

真假话游戏

课间，玛丽喜欢和朋友们一起玩猜真假话的游戏。通常，玛丽总是让别人猜她说话的真假，一天，她决定自己来猜一次。

其他几位同学商量好之后开始说话了：

马克说："我们几个人的书包里面都带了面包。"

杰克说："我今天没带巧克力。"

凯西说："我今天带了苹果。"

莱恩说："今天我们几个人有人没有带面包。"

四个人接着告诉玛丽，他们中只有一个人说的是真话，那么请你判断一下，下面哪一项所说的是真的呢？

A.今天所有人都带了面包

B.今天所有人都没带面包

C.今天所有人都没带苹果

D.杰克今天带了巧克力（P181）

趣味扑克

杰克、玛丽、亚当和史蒂夫四个人是邻居，经常在一起打扑克。这天正好史蒂夫有事情不能来，于是三个人凑到一起打算玩点新鲜的花样。

亚当从牌堆里面随意挑出方片、黑桃和梅花三种牌，一共是20张放到了桌子上，然后三个人开始各自猜测各种花色的牌有多少张。

杰克说："我觉得桌上的牌里面至少有一种牌少于6张。"

玛丽说："我觉得桌上的牌里面至少有一种牌多于6张。"

亚当说："我觉得桌上的牌里面任意两种牌的总数一定不会多于19张。"

那么，请你判断一下，三个人究竟谁说的是正确的呢？（P181）

外星文明

长久以来，天文学家都在尝试探索外星文明，人们对于外星人的议论也从来没有停止过。1996年，美国的天文研究人员对外公布，他们找到了36亿年前火星上曾经存在生物的证据，但是，对于美国人提出的这一证据，很多其他国家的研究者表示怀疑，一些科学家提出了自己的一些怀疑理由。

那么，现在请你判断一下，下面这些理由中，哪一项足以构成对于美国人研究成果的挑战？

A.36亿年前，太阳系的环境和现在很不相同，存在许多陨石，因此很难断定哪一块陨石真正属于火星

B.科学家对从火星上采集到的陨石样品进行化验，证明36亿年前那里曾经有生物活动的痕迹

C.36亿年前，火星上曾经有生物活动，这不是一件十分让人惊讶的事情

D.我们可以设想这样一种可能性：36亿年前的火星生命就是地球生命的祖先（P182）

新手表

艾琳每天走路去上学，由于不知道具体时间，她经常会迟到，于是妈妈给她买了一块新手表，让她平时上学的时候多注意时间，但是每次艾琳到学校的时候还是晚了。她仔细地拿着手表和家里的挂钟对照了一下，发现自己的手表每天都会比自己家的挂钟慢5分钟。后来，她又仔细对照了家里的挂钟和电视上的标准时间，这才发现，自己家里的挂钟要比标准时间快5分钟，艾琳断定自己的手表没有问题。

那么，请你判断一下，艾琳的新手表到底有没有问题呢？（P182）

火车相遇

从北京出发，到一个小县城的铁路线长达8000千米，普通火车在行驶的时候保持130千米/时的速度，动车在行驶的时候保持200千米/时的速度。

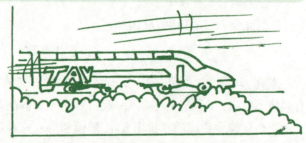

五一黄金周的时候，为了缓解交通拥堵的问题，管理部门增加了对开车次，动车和普通火车会分别从小县城和北京出发，那么它们必定会在某一个位置相遇。

请你判断一下，当这两列火车错车的时候，是动车离小县城更近还是普通火车离小县城更近呢？（P182）

期货市场

期货投资是一项高回报高风险的投资，就像股票市场一样，存在着很多不确定性。拿粮食期货市场来说，如果当年预测粮食产量会下降，将会导致粮食期货价格上升；如果预测粮食产量会大幅增加，那么将导致粮食期货价格大幅下降，需要投资者时常注意行情，以及涉及的影响因素。

让孩子更聪明的思维游戏

最近,根据气象专家的预报,在粮食的主产区将会有一场持续的降雨,对于粮食的存活有着十分重要的作用,所以粮食的增长势头较好,这应该会导致粮食期货价格下跌。

那么,当下面哪一项是正确的时候,将会否定上述的结论?

A.粮食想要获得丰收,就必须在关键的授粉阶段有一个湿润的气候环境

B.今年,粮食期货价格浮动要比去年剧烈

C.农业专家已经证实,一种不利于粮食生长发育的农作物病菌正在国内广泛传播

D.气象学家预测,降雨天气将会扩展到粮食主产区之外(P182)

世界级选手

世界级的游泳选手每天都会坚持练习,通常不少于两小时,但是每周末教练都会要求他们休息一天,元旦的时候也都会放一天假让他们和家人团聚,当然得了比较严重的疾病自然就需要休息了。

根据上面的叙述,请你判断一下,下面的选项中哪一项所描述的不可能是世界级的游泳选手?

A.一位运动员连续三天每天游泳一小时,他没有任何的身体不适

B.一个人胳膊肌肉拉伤还没痊愈,一周坚持每天游泳最多一小时

C.一位运动员周二没有进行游泳训练

D.一位运动员体型匀称,别人都说他像游泳运动员,并且他的游泳成绩确实相当不错(P182)

未举办的画展

约翰先生曾经是一位著名的侦探,很多人慕名而来,希望能够得到他的指点。

这天,约翰先生给他的学生们讲了这样一个推理的过程:

有人组织了一场室外油画展览,他对外宣布,如果画展当天天气预报说有雨或者预售门票过少,那么画展将会被取消,已经买票的人可以得到退款。当天,尽管预售票卖得很多,仍然有人得到了退款,所以,一定是因为天气预报说天气不好才会导致画展最终被取消。

你能和他的学生们一起来分析一下推理的过程吗?(P182)

疲劳基因

有的人能够长时间处于高强度工作的压力之下而不会感觉疲劳,而有些人只要做一点劳动都会感觉十分疲惫,造成这种不同,不单是体质或者生活习惯的原因。很多时候,一个人能够承受的劳动强度和他的基因构成有关。科研人员对50名易疲劳的人做了跟踪调查,发现他们的某些基因和同年龄段、同性别的人的健康基因有很

大差别。

下列选项中的说法,哪一项如果是真的,则最有利于该项研究成果在日后治疗这些易疲劳的人的疾病?

A.目前,还没有发现诊断和治疗易疲劳体质的方法

B.在这些易疲劳者身上有一种特殊的基因

C.基因鉴别技术已经在一些疾病的治疗中得到应用

D.科研人员已经鉴别出了导致人体容易疲劳的基因(P182)

老实的农夫

两个逃犯为了逃跑,故意放了一把火,然后趁狱卒不注意的时候偷偷跑了出来。为了躲开官差的追捕,他们胁迫一个十分老实的农夫帮他们出城。

三个人来到城门口,守城的士兵问他们:"你们都是什么人啊?"

第一个人说:"我是农夫。"

第二个人说话的时候,刚好一边寺庙的钟声响起来了,士兵没有听清楚他说什么。

第三个人告诉士兵:"刚才他说他是农夫,我也是一个农夫。"

但是,士兵早就提前得到了消息,据说逃犯和一位农夫在一起,三个人想要混出城。

你能帮助士兵判断一下,究竟谁才是真正的农夫吗?(P182)

传统艺术

根据最近的一项调查资料,当代大学生中,喜欢京剧等传统艺术的人只占到全体被调查人数的14%。普遍看来,大学生缺少对于我国传统文化的学习和积累。

请你根据上面这段话,判断下面哪一项会削弱上述论断。

A.没有人能在京剧艺术欣赏方面给大学生群体提供指导,所以他们根本不懂怎样欣赏

B.喜欢京剧的人数比例比较低,正好说明培养大学生对于传统艺术的热爱还大有潜力

C.京剧艺术并不能代表整个中国传统文化,这是以偏概全的说法

D.进行调查的比例过小,不足以成为证据(P182)

圣子的身份

太平洋上有一个神秘的小岛,探险家在岛上找到了两个有着不同生活习俗的部落。一个部落的人十分友善,坚信上帝和天神,认为所有的人生来就是善良的,探险

家叫这个部落为神善部落;另一个部落的人十分凶恶,信奉地上的圣灵,认为征战杀戮是人的天性,探险家叫这个部落为圣灵部落。

两个部落的人数都比较少,为了繁衍后代,遵循着一个规律:如果是和部落内的人通婚,那么当然坚持自己部落的信仰,归属原来的部落;如果是两个部落之间通婚,那么所生的孩子就要跟随母亲一方的信仰,孩子也要属于母亲的部落。

探险家在岛上遇见了一个被称为圣子的人,他相信人性本善,他就是两个部落的人通婚后所生的孩子。

那么,探险家判断圣子的母亲是圣灵部落的人是否正确呢?(P182)

青少年驾车

随着人们生活水平的提高,有车一族越来越多。驾驶员的年龄也呈现低龄化。根据统计,19岁及以下的注册司机占到了7%,全国每年的交通死亡事故的肇事者中,有14%的人来自这7%。很多人认为,青少年的开车技巧不足,应该对青少年的驾驶执照附加限制。

请你判断一下,下列哪一项如果是真的,则能够证明青少年确实缺乏驾驶技巧?

A.和其他人相比,青少年开的车可能更廉价,性能可能更差

B.青少年每年开车的总里程要大大超过其他年龄段的司机

C.青少年司机和他的乘客的安全意识较差,不喜欢使用安全带

D.青少年开车的时候,乘客人数可能比一般的司机多(P183)

景区的天气

小明来到一个景区旅游,导游告诉他一个十分有趣的事情。

这个景区的气候十分奇怪,有时候天上明明艳阳高照,但同时却会下雨。这里的人们穿衣也十分有趣。只要气温低于零度,天上还出着太阳,那么这里的人就会穿着皮夹克出门;如果气温在零度以上,天上下着雨,那么人们就会穿雨衣出门。

请你根据这些现象,判断一下下面的选项中哪一项的论述是真的。

A.有人会在皮夹克外面套着雨衣出门

B.如果很多人穿皮夹克出门,天上又没下雨,那么当天一定是艳阳高照

C.如果气温在零度以上,人们都穿着雨衣出门,那么天上一定在下雨

D.如果气温在零度以上,人们都不穿雨衣出门,那么当天一定没下雨(P183)

穿衣习俗

很久以前,在一个小国有两个非常奇怪的村庄。因为两个村庄不和,两个村子的人一直互为仇敌。为了分辨自己人,A村的人只穿红衣服,B村的人只穿黑衣服。

阿拉是一位农夫,他穿黑衣服。

根据上面所说的,判断下列哪项是真的。

A.阿拉是B村的

B.阿拉不是B村的

C.阿拉是A村的

D.阿拉不是A村的(P183)

奇特俱乐部

城里面有一家俱乐部,在这里你可以选择成为老实人和大骗子两类中的一类人。当你进入俱乐部,你就需要成为你所选择的人。老实人永远说真话,大骗子永远只能说假话。

一次,一个隔壁足球俱乐部的人来这里串门,他看见四个俱乐部的人正聊天,于是就过去问他们:"你们都是什么人啊? 老实人还是大骗子? "

第一个人说:"我们四个人全是大骗子。"

第二个人说:"我们当中只有一个人是大骗子。"

第三个人说:"我们当中有两个大骗子。"

第四个人说:"我是老实人。"

请你帮助这个人判断一下,他们四个人中有老实人吗? (P183)

高级证书

所有从事汽车设计工作的人都渴望能拿到高级工程师的证书。王明也想拿到高级工程师的证书,所以,王明一定想做一位汽车设计师。

请你判断一下,下面哪一项成立的时候,更加能证明上述论断的正确性?

A.目前,越来越多的汽车设计师岗位要求应聘者持有高级工程师证书

B.不想获得高级工程师证书的汽车设计师就不是一个合格的汽车设计师

C.只有想获得汽车设计工作的人才想获得高级工程师证书

D.只有想获得高级工程师证书的人才是一个好的汽车设计师(P183)

致命病毒

近日,某一地区出现了一种致命的病毒,它可能会通过人与人之间的相互接触传播,因此,政府组织医护人员将所有与患者接触过的人全部隔离起来,而且玛丽曾经接触过所有被隔离的人。

如果上面的论述都是真的,那么下面的哪一项说法也一定是真的?

A.玛丽是病毒感染者

B.玛丽不是病毒感染者

C.被隔离的人里面,可能有人没接触过病毒感染者,但是接触过玛丽

D.所有和玛丽接触过的人都被隔离了（P183）

木板条的秘密

一位历史学家仔细研究了19世纪早期的欧洲古老建筑，他发现很多城堡中地板铺设的木板条都十分窄小，越是有钱人家的房屋铺设的木板条越是狭窄。于是，他由此推定，在当时，铺设狭窄的木板条是富有和地位的象征。

请你判断一下，下面的哪一项观点最能有效地支持这位历史学家的观点？

A.19世纪晚期，欧洲的许多建筑的地板所铺设的木板条宽度差别不大

B.这位历史学家是国际学术界公认的有名的学者

C.以19世纪的欧洲为背景的小说中描写的一位富商家的地板就是狭窄的胡桃木地板

D.在19世纪早期的欧洲，木板条的价格实际上是以它的长度为标准的（P183）

强健的体魄

根据专家学者的调查，生活在草原上的游牧民族摄入的钙质要明显高于生活在中原地区的汉族人民，这应该和他们以奶制品为主要的食物来源有着很大的关系。不难理解，草原人的强健体魄和这种足够的钙质摄入有着十分密切的关系。

请你判断一下，下列各项中，哪一项的说法会削弱上面的论断？

A.并非所有草原人都有强健的体魄，但是他们每个人都通过奶制品有足够的钙质摄入

B.有的草原人具有强健的体魄，但是他们日常并没有足够的奶制品作为钙质的摄入来源

C.有些草原人并没有强健的体魄，但是他们通过奶制品摄入的钙质并不少

D.有些草原人有强健的体魄，但是他们主要是通过其他食物摄入钙质（P183）

水下古城

春秋战国时期，位于现在云南省的古滇国在历史上有着十分重要的地位。它所创造的青铜文化吸收融合了众多民族和地区的文化精华，但是自东汉以后，古滇国竟然神秘的在历史上消失了。唐代以后的史书中更找不到任何关于它的记载。

近年来，在云南抚仙湖南岸墓葬群中发现了大量的古滇国青铜器，与抚仙湖北岸相连的晋宁石寨更是出土了滇王印，所以，考古学家推测，抚仙湖水下的古城就是消失已久的

古滇国都城。

请判断,下面哪一项最能证明考古学家的推断是正确的?

A.抚仙湖水下古城内发现大量青铜器

B.按照考古的常规来看,王国都城周围都是墓葬群

C.抚仙湖水下的古城和古滇国都位于云南省境内

D.抚仙湖水下古城的时代和古滇国相同(P183)

推翻原结论

每年年底,某公司都会将收上来的各个部门的职员报销单据进行汇总,下面各项就是根据汇总得出的结论。

A.人事部门仅有4人上缴了报销单据,至少报销4000元

B.财务部门最多有3人上缴了报销单据,报销总额不超过3000元

C.后勤部门至少有7人上缴了报销单据,报销总额至少5000元

D.科技部门至少有8人上缴了报销单据,不比后勤部报销的少

但是,有一些部门在汇总结束之后又收到了职员提交的报销单,那么哪一项已经得出的结论不可能被新的事实推翻?(P183)

旱鸭子游泳

一天,艾米丽在学校向她的同学们炫耀着说道:"前两天我去以色列旅游,还去以色列和约旦交界处的一个湖泊游泳。我不但能游自由泳、蝶泳、蛙泳、仰泳,甚至还能在里面潜水,并且,我还轻而易举地下潜到海拔390米以下的水域,而且没有使用任何工具。"

听完艾米丽的话,大家都嘲笑起她来,因为所有人都知道艾米丽根本不会游泳,更不用说潜水了。

那么,请你根据艾米丽的话判断一下,她究竟是不是在说谎呢?(P183)

编程专家

马博是一位计算机编程专家,孙静是一位数学家。不过,所有的编程专家都是十分出色的数学家。现在,我们国内的很多综合性大学都在培养计算机编程专家。

根据上面的论述判断,下面哪一项是正确的?

A.马博是一所综合性大学培养的

B.孙静并不是毕业于综合性大学

C.大多数编程专家是综合性大学培养的

D.有些数学家是计算机编程专家(P183)

"少儿不宜"的策略

在一些国家,有很多小型的电影放映场所,为了增加收入,经常可以将原本没有任何限制内容的影片标为"少儿不宜",这些放映场所这样做是基于下面哪些判断呢?

A.成人观众是最重要的消费群体

B."少儿不宜"的影片对成人观众没有影响

C.一些成人观众对于"少儿不宜"的影片感兴趣(P183)

第十章 10
综合思维，拓展你的思考范围

狙击手的代号

有两个国家正在交战，情势十分严峻。某国的战士在攻克一座堡垒的时候遇到了前所未有的困难。敌国在前线布置了几名狙击手，时刻准备猎杀在前线冲锋的战士，许多军官也在战斗中丧命，因此，后方指挥官要求尽快找出这几个狙击手，并将他们解决掉。

经过侦查人员的努力，最终他们掌握了敌方5名狙击手的一些线索。

（1）狙击手老鹰体形要比代号E的狙击手身体健康；

（2）狙击手毛猴枪法要比代号A和E的狙击手准确；

（3）狙击手老鹰和黑马是代号A狙击手的徒弟；

（4）狙击手毛猴和黑狗称呼代号为D的狙击手为前辈；

（5）狙击手毛猴经常和代号为B的狙击手一起行动；

（6）狙击手老虎和黑马都没接触过代号E的女人。

根据上面的线索，侦查人员推断出了狙击手的代号。

你能猜出他们的代号是什么吗？（P183）

到达顺序

圣诞节了，5个好朋友约好一起去迪士尼乐园游玩，但是由于大家住的地方相距很远，所以决定到迪士尼乐园会合。结果，5个人到达的时间完全不相同。

（1）A虽然家里离迪士尼乐园比较近，但却不是最早到的；

（2）B家和A家的距离差不多，B紧随着A到达迪士尼乐园；

（3）C慢悠悠地骑自行车赶来，虽然不是最早到的，但也不是最后到的；

（4）D在几个朋友中间排行老二，但是这次却不是第二个到达约会地点的；

（5）排行最小的E在D之后第二个到达约会地点。

你能看出这几个好朋友到达的先后顺序吗？（P184）

奇怪的习惯

小王、小赵和小孙三个人既是同事又是好朋友，他们三个人经常一起去西餐厅吃饭。三个人基本上不是点火腿就是猪排，但是，他们有三个非常奇怪的习惯。

(1) 如果小王点火腿，那么小赵就会点猪排；

(2) 小王和小孙两个人有人点火腿，但是不会两个人同时都点火腿；

(3) 小赵和小孙两个人不会都点猪排。

你能根据他们的习惯知道他们昨天谁点的火腿，今天谁点的猪排吗？（P184）

O型血液

在现代医疗手段中，血是必不可少的，很多需要外科手术的病人可能都会需要输血。在A、B、AB和O这几种基本血型中，O型血的需求是最高的。因为很多时候事发紧急，医院根本没有时间去检查患者的血型，这个时候，O型血可以直接输送给病人，因为它有一种特性：它和其他一切血型都相合，不论哪一种血型的人都可以接受O型血，但也正是因为这种特性，O型血在医院的库存中处于长期短缺的状态。

通过上面的一段论述，我们可以得出下面的哪一项结论？

A.O型血的特殊用途在于它与大多数人的血型是一样的

B.在救治病患的时候，如果需要给病人输入O型的血液，必须要首先检查出患者的血型

C.现在，O型血是大多数人共同的血型

D.血型为O的献血者越来越受到欢迎（P184）

四个菜园

约翰是一位农场主，他十分能干，在乡下租了一大片土地，经营着四个大大的菜园。约翰为了方便管理，将这四个菜园叫作甲、乙、丙、丁。

其中甲菜园里面的各种菜在乙菜园里面都有种植；

乙菜园里面的所有菜在丙菜园里面也都有种植；

丙菜园里面的所有菜在丁菜园里面也都有种植。

所以，我们可以得出下面哪一个结论？

A.甲菜园里面的一些菜在丁菜园里面有种植

B.甲菜园里面所有的菜在丁菜园里面都有种植

C.丁菜园里面的所有菜都能在乙菜园里面找到

D.乙菜园里面的一些菜可以在丁菜园里面找到（P184）

各自的职业

科尔、史蒂夫、米勒和卡尔同住在一个小镇上。他们在镇上做着不同的工作，一个是医生，一个是警察，一个是木匠，一个是农夫。

有一天，科尔的女儿高烧一直不退，心急的科尔连夜送女儿到医生家看病；

史蒂夫正好是医生的妹夫，并且他正好和警察是邻居；

那位农夫还没结婚，在家里经营一个小农场，顺带养了很多家禽；

米勒经常去农夫的农场买新鲜的鸡蛋、鸭蛋。

现在，你知道他们四个人的职业分别是什么吗？（P184）

吵架的兄弟

古时候，一个财主娶了一位大家闺秀，一共给他生了六个儿子，在家的时候，家人都叫他们一郎、二郎、三郎、四郎、五郎、六郎。每次吃饭的时候，大家按长幼坐在一个圆桌上，一家人在一起显得其乐融融。

这天，几个兄弟闹了矛盾。六个人都喊着不要和自己的上一个和下一个兄弟坐在一起。三郎还说不愿意和五郎坐在一起。几个仆人手忙脚乱，也不知道该怎么给这几位少爷排座位。这时候，财主的妻子想了个办法，终于让几个小家伙安静地坐到桌上吃饭了。

这时候，和二郎相邻的两个兄弟是谁呢？（P184）

谁是受伤者

卡姆、格尔、马克、莱西和安迪是同一家马术俱乐部的成员。因为长时间相处，相互都是十分要好的朋友。一天，大伙约好一起到野外的一片空地上骑马，不幸的是，有一个人的马因为受惊吓而狂奔起来，最后他从马上摔了下来，腿骨折了。

你能根据下面的线索找到是谁受伤了吗？

A.卡姆还是单身

B.格尔亲眼看见受伤的人从马上摔下来，心理受到惊吓，再也不愿意骑马了

C.马克的妻子没有外甥女，也没有侄女

D.莱西的女儿前几天也因为脚部扭伤住院了，他总是一边照看女儿一边看望伤者

E.受伤者的妻子是马克夫人的妹妹（P184）

快速牵牛

古时候，人们运送大件东西都要依靠牲畜，因此牲畜都是十分珍贵的财产。

这天，财主吩咐下人王小二将自己家里的四头牛和两大袋米送到自己在临近城里的新宅子里面。

四头牛从财主家走到新宅子的时间分别是：甲1小时，乙2小时，丙4小时，丁5小时。王小二如果自己步行需要的时间还会更久，于是他决定骑着牛，然后牵着一头牛，让牛再驮一袋米。由于王小二也只是第一次骑牛，所以他只能骑一头牵一头，这样依次把牛带到新宅子。

要将这些牛和米运到新宅子，王小二需要多长时间呢？（P184）

难得相聚

A、B、C三个人都有着类似的习惯，不过，A通常雨天不出门，阴天或者晴天的时候才会考虑出门；B则愿意阴天或者雨天出门，一旦天空放晴，他就整天窝在房间里；C更是奇怪，他讨厌阴天，但喜欢晴天和雨天出去。

三个人其实都住在同一个城市，但是彼此原本并不相识，直到有一天，三个人通过社交网站相识，于是决定聚一下。

你说他们能聚在一起吗？（P185）

大脚国和小脚国

大脚国和小脚国是两个相邻的国家。原本两个国家一直十分友好，经常互通有无，两国的人民也都十分友善地对待彼此。如果没有各自的领土划分，很多到这里的人认为这是同一个国家，但是，因为一些原因，两个国家的国王相互发生了争吵，两国的友好关系也到此结束。

一天，大脚国的国王向他的臣民发布了布告："从今以后，小脚国的1元钱只折我国的9角钱。"随后，小脚国的国王也颁布了同样的声明。两国的人民为此都损失了不少财产。不过，住在边境的一位商贩却借着这两道命令发了一笔财。

你知道他是怎样做的吗？（P185）

分离碎屑

王子到了成婚的年纪了，国王让他自己选一位妻子。王子不是嫌贫爱富的人，所以他给住在城里的所有未婚女子发了邀请函，请大家都去参加他的舞会，他将在舞会上选出自己的妻子。

伊莎贝拉一直深爱着王子，可是她只是一个贵族的仆人，只有王子来贵族家的时候，她才能偷偷地看看王子，但是，她不觉得自己是卑微的，也想去参加王子的舞会。没想到，舞会举办的当天晚上，她的主人故意为难她，让她将一大袋豆子、沙子、木屑、铁屑和细盐的混合物一样一样地分出来。她知道，主人一定是害怕她会被王子看上，因为伊莎贝拉真的是太漂亮了。为此，她的主人从来不允许她露出面容，即使是在家里也只能用纱巾蒙着脸。

伊莎贝拉伤心地哭了起来，这时候一位老婆婆走过来，给她出了一个主意。最后，伊莎贝拉成功地分完了那些东西，并且赶上了王子的舞会，王子果然对她一见倾心。

老婆婆究竟教了她什么办法那么快分完一大袋碎屑呢？（P185）

沙漏计时

"最棒美食家"的比赛进入最后的环节了。评委们给选手出了一道题目：

现在你的手上只有两个计时沙漏，一个是11分钟的，另一个是7分钟的。如果煎一小块牛排只需要15分钟，那么要怎样做才能严格把握时间呢？

杰克想了一下，第一个说出了答案，在场的观众和评委一起给他鼓掌，祝贺他成功夺冠。

那么，你能想出他应该怎样才能做到吗？（P185）

物理老师的魔术

物理实验课上，老师带同学们来到了学校刚刚建成的实验室。

每个同学的实验桌上都摆放着同样的东西：一个装满水的盘子、一个烧杯、一个软木塞、一盒大头针和一盒火柴。同学们都很好奇，这些东西能做什么呢？

过了一会儿，老师给大家演示了一个实验：老师既没有将盘子端起来或让盘子倾斜，也没有借助除了桌子上摆放的物品之外的工具就成功地让水进入了烧杯中。

然后，他让大家也按照他的做法来做实验，结果大家尝试了几次，也都成功了。

你知道他们是怎样做到的吗？（P185）

巧称体重

杰克、亨利和麦琪是三个小邻居，平时经常在一起玩耍。这天，爸爸妈妈叫他们一起把家里的废品拿到楼下的废品收购站卖掉。三个小家伙高高兴兴地争抢着拿了废品下楼去了。

来到废品收购站，杰克发现有一个磅秤，于是他想要称一下自己的体重，可是废品收购站的爷爷却告诉他，这种磅秤最低也要称50千克，可是他们三个人都不足50千克，每个人大概都在25~30千克。

正当几个小家伙垂头丧气地想要离开的时候，老爷爷却叫住了他们，然后用这个磅秤给他们称了体重。

那么，老爷爷是怎样做到的呢？（P185）

装错的水果

老王是一位水果批发商，他从老赵那里买了三箱水果：一箱龙眼，一箱荔枝，还有一箱龙眼和荔枝混在了一起。由于他买的都是龙眼、荔枝这样的水果，所以要求包装必须密封，然后在外包装上贴上标签。

但是，老赵在贴标签的时候将标签贴错了。等到发货的时候，老赵的助手才告诉了老赵。

那么，老赵怎样才能在只打开一个箱子的情况下，就成功地分辨出三个箱子里面装的是什么呢？（P185）

两难的选择

杰克是一个单身小伙子，他一直都暗恋着自己的一位女同事丽萨，但是，他一直都找不到合适的机会向丽萨表示自己的爱意。

这天下班之后，天上下起了倾盆大雨。杰克将自己的车开出停车场，正准备回家的时候，他看到丽萨正在公交站一边等车一边躲雨。杰克赶忙开车过去，想要借此机会和丽萨来个近距离接触。他把车停在车站附近，这才发现，史密斯医生正扶着一位等待急救的病人，大暴雨的晚上打不到车，他们只能坐公交车了。

这样的场面一下子让杰克为难了。如果不去送病人，他的良心会不安；如果送了病人，就一定会错过这次和丽萨近距离接触的机会。

你能不能帮帮杰克，想一个两全其美的方法呢？（P185）

诸葛亮的计谋

诸葛亮是三国时期一位重要的人物。传说，诸葛亮从小就十分聪慧，深得私塾先生的喜爱。他在私塾学习的时候，不但好学，还十分勤奋，经常会帮助老师担水劈柴，有时候老师会交给他一些粗活，他也很乐意帮助老师。

这天，老师从街上买来一条鱼，然后让诸葛亮把鱼做熟了，中午大家一起吃。诸葛亮很利索地刮去了鱼鳞，将鱼蒸上，准备做一道清蒸鱼。他见时间还早，于是又提着水桶去后山提水去了。

等他回来的时候，见到老师和同学们围着锅正在看什么。一会儿他走到锅跟前，这才知道有人偷着把鱼吃掉了，但是，所有人都说没有碰过鱼，这样一来就只有诸葛亮可能偷吃了。眼看自己就要有理说不清了，诸葛亮突然想到了一个办法。他对自己的老师说了一段话，那个偷吃的同学马上就自己出来认错了。

你能想到他说了些什么吗？（P186）

省时间的方法

很久以前，欧洲一个民族为了摆脱其他民族的奴役进行了顽强的抗争，最终，他们的领袖带着他们取得了战斗的胜利，并最终建立了自己的国家。虽然他们的国家非常小，但是人民却十分团结友爱，大家生活得十分幸福。

他们为自己的国王修建了一座雄伟的宫殿，宫殿后面就是他们赖以饮用的水源。大家十分爱戴自己的国王，经常会义务帮助国王修葺宫殿。

这天，一场大火竟然烧毁了宫殿，一切都化作了一片废墟。要想重建宫殿，就必须将废墟清理出去，还要从宫殿外面的郊外运送石料和土进城，这样最少也需要半年的时间。大家为了用最短的时间重建宫殿，选出国家里面最善于建造宫殿的人来负责宫殿的重建工作。他想了一个十分巧妙的办法，只用了两个月的时间就把宫殿建好了，并且将所有的废墟都处理掉了。

你能想到他是怎么做的吗？（P186）

空头支票

通常，每到总统换届选举的时候，政客们就需要四处活动，对自己的政治理念进行宣讲。为了能够赢得选民们的支持，他们必须学会迎合选民们的意愿。作为参加总统选举的超级政客，他们更是会为了赢得选举而不择手段。很多时候，他们通常会采取开出许多空头支票的办法来迎合选民。克里夫是一个超级政客，最终克里夫成功地赢得了选举。

根据上面的一段论述，你觉得下列哪个选项给出的结论最为准确？

A.克里夫肯定向选民开出了许多空头支票

B.克里夫肯定没有向选民开出许多空头支票

C.克里夫可能向选民开出了许多空头支票

D.克里夫可能没有向选民开出空头支票（P186）

几种组合

杰瑞一直想要精品店里面的那个变形金刚玩具，不过，他的妈妈告诉他，只有他赢得了学校举行的数学比赛的第一名，才能将变形金刚作为礼物买给他。为了得到这个变形金刚，杰瑞报名参加了学校的比赛，并且努力学习数学。

由于杰瑞从小就十分聪明，他很顺利地进入了决赛阶段。坐在考场上，杰瑞仿佛感觉到变形金刚正在向他招手。他很认真地答题，没想到很顺利地做到了最后一个题目。

这个题目是这样写的：找出从1~8的几个自然数中两两相加之和大于10的组合，要求不能是两个同样的数。

这对杰瑞来说简直是太简单了。一会儿杰瑞就做完了。

比赛结果出来了，杰瑞果然成功获得了冠军，他也如愿得到了变形金刚。

那么，你能列出符合哪道题目的组合吗？（P186）

拿纸牌的方法

每天晚上吃晚饭之后，小明总是喜欢和爸爸一起用扑克牌做游戏。

一天，吃完晚饭之后，爸爸拿出扑克牌，然后从里面挑出所有的黑桃纸牌，接着按照顺序将它们摆放在桌子上。一边的小明满脸的迷茫与好奇，不知道爸爸要跟他玩什么花样。这时候,爸爸对小明说:"现在桌子上摆放的纸牌上的数字你都已经认识了,老师也教了你加减法。现在爸爸要看看你有没有学扎实。如果一会儿你能答对我的问题,我就陪你一起去游乐园玩。"小明一听这话,眼睛都亮起来了,于是催着爸爸出题。

爸爸的题目是:在桌子上随意拿三张纸牌,不考虑它的顺序,那么有几种办法能够使拿到的三张纸牌牌面上的数字之和为9?

小明掰着手指想了半天,终于说出答案。

你知道有几种办法吗?(P186)

两种龙蒿

有一个词叫作开花结果,所以通常我们都会这样认为:"植物必须要先开出花,最后才能产生种子。"但是并不是所有的植物都会结出种子。

有两种龙蒿,分别是英国龙蒿和中国龙蒿,从外表来看,两者十分的相像,如果不是专业人士很难区分两种龙蒿,但是,它们在成长过程中却有两样十分不同的地方。首先,英国龙蒿在成长的过程中会开花,而中国的龙蒿就不会开花;其次,英国龙蒿的叶子上面没有中国龙蒿那种特有的香味。

根据上面的一段论述,我们可以推出下面的哪一项结论?

A.作为一种观赏性的植物,中国龙蒿比英国龙蒿更受到人们的喜爱

B.世界上的龙蒿只有中国龙蒿和英国龙蒿两个品种

C.由龙蒿的种子一点点成长出来的龙蒿一定不是中国龙蒿

D.英国龙蒿的花朵很可能没有香味(P186)

高中同学的聚会

甲、乙、丙三个人是高中同学,经常一起上学,高三复习的时候还经常一起讨论题目,是非常要好的兄弟。后来,他们走上了不同的道路,一个人成了大学校长,另一个人成了作家,还有一个人当了他们当地的市长。

他们再次相聚的时候聊了很多这些年的事情。下面就是三个人聊天的一些细节:

(1)他们大学时候分别读了中文专业、机械专业和化学专业;

(2)机械专业的毕业者后来请当上大学校长的人写了一幅横幅作纪念;

(3)机械专业的毕业者其实一直都和作家在一个城市工作;

(4)高中毕业之后,机械专业的同乙和丙失去了联系;

(5)乙在见面的时候向化学专业毕业的人请教了PC材料的问题;

(6)作家一直都在称赞中文专业的毕业者身体非常棒。

根据上面这些谈话的细节，你能得知下面哪一项说的是真的？

A.甲毕业于机械专业，丙是一位作家

B.中文专业毕业者是一位作家

C.甲毕业于化学专业

D.乙毕业于化学专业（P186）

试点实验

每当一项政策被提出之后，政府或者一些机构通常会采取试点实验的方式，小规模的验证一下政策的可行性。如果经过实验以后，发现确实能够行之有效的解决实际问题，那么再在全国大面积的推广，但是，后来的实践表明，"试点综合征"的问题越来越多。也就是说很多项目都出现了"一试点就成功，一推广就失败"的奇怪问题。

根据上面这段论述，你觉得下面哪一项最不可能是造成上述奇怪问题的原因？

A.通常人们更倾向于选择比较优秀一点的试点单位

B.社会上对于这种试点的关注度比较高，试点单位总是为了达标而过分追求成绩

C.一般领导都会比较重视试点单位所提出的问题，给予解决的时候相应地也比较迅速

D.也许存在这样一种状况，那就是试点虽然成功了，但是企业以及市场所给予的外部政策和环境却和试点时并不相同（P186）

参赛人数

甲、乙两个市的摄影协会发起了一次摄影比赛，他们通过电视、报纸、广播以及网络等方式对摄影爱好者发起了动员。果然，有很多摄影作品通过各种方式被发送到了摄影比赛的组委会。组委会根据几个城市一些具有代表性的摄影协会的会长的意见，选出了参加最后决赛的人选。现在知道的信息有：

（1）参加最后决赛的人选中有40人不是甲市的；

（2）参加最后决赛的人选中有38人不是乙市的；

（3）甲乙两市参加最后决赛的一共有32人。

那么，你知道参加这次摄影比赛决赛的一共有多少位摄影爱好者吗？（P186）

关于"俗"的争论

李琳是一位文艺界的后起之秀。她因为"俗"的语言以及表演，经常性的被周遭的人们讽刺批判。通常，李琳对于这些言论不予理睬，但是，这次李琳却站出来一本正经地抨击对她进行攻击的那些言论，并且斥之为真正的"俗"。李琳的这一行为让许多文艺界的人士大跌眼镜，很多观众对此也百思不得其解。

针对李琳的问题, 网上有许多人相互争辩, 其中作为文艺界人士的王女士和李先生两人就旗帜鲜明地对李琳的行为和动机进行了完全不同的分析, 对于李琳的性格和个人品质更是存在着很多不同看法。

经过长久的辩论, 王女士给李先生发来一封邮件, 上面写道: "不得不承认, 你对于李琳的很多观点才是正确的, 在此我要对你表示道歉, 特别是对于之前争论时的许多不当言论。至于我会突然转变的原因, 是因为前几天我认识了一位认识李琳的人, 经过几天的交往, 他对我讲述了许多李琳的事情。我可以肯定之前自己存在着很严重的错误, 而你的观点是正确的。"

下面这些选项中不能作为王女士和李先生进行争论的依据的一项是:

A.李琳抨击他人是真正的 "俗" 的言论以及他人对于李琳 "俗" 的斥责的言论

B.其中一人和被李琳斥责为真正的 "俗" 的人进行私人交往

C.和斥责李琳为 "俗" 的人交往

D.和李琳本人私人进行交往(P187)

文化的内涵

我们通常所讲的 "文化", 如果体现在实际生活中, 总的来说可以体现在三个方面: 第一, 体现在一个人是怎样对待自己的。第二, 体现在一个人是怎样对待他人的。第三, 体现在一个人是怎样对待自己所处的自然环境的问题上。

总的来说, 在任何一个文化基础比较悠远绵长的国度, 人们通常都能够保持自尊——他不会苟且度日, 只有不苟且才能有品位; 人们通常会懂得给予别人应有的尊重——他不会在所处的环境中无理霸道, 只有做到如此, 人们的道德感才会提升; 人们也能够与自然和谐相处——不会过分开发掠夺自然资源, 只有这样才能获得自然和人类自身的永续发展。

仔细阅读上面的一段话, 你觉得下面选项中哪一项是不能从上文中推出的?

A.假如一个人苟且度日, 那么他就没有品位可言

B.假如一个人做事霸道, 那么他就没有道德可言

C.假如一个人没有道德的话, 那么他一定霸道并且苟且

D.假如人类对自然进行掠夺, 那么人类就不会有永续的文明(P187)

健康饮食

现代社会, 人们更为关注自己的身体健康问题。很多时候, 我们存在的疾病是由于没能够保持正确的饮食习惯造成的。为此, 营养专家和医务工作者都在不断地努力钻研, 并且给我们提出更多的合理健康饮食的建议。

针对胆固醇过高的问题, 医务工作者做了一项研究分析, 结果发现: 一个人如果

在保持每天的进食总量不变的前提下，增加食物摄取的次数，那么他体内的胆固醇水平会有明显的下降，所以，如果我们能够保证少食多餐的饮食习惯，固定每天摄入的食物总量，是能够行之有效地降低体内胆固醇的含量的，但是，研究还发现，大部分人增加餐数之后，自己每次吃饭摄入的食物总是会相应的增多。

如果上面所有的论述都是正确的，那么它最为支持的论点是下面哪一项？

A.对大部分人而言，增加进食的次数并不会明显地影响体内胆固醇的含量

B.对大部分人而言，每天的进食量并不会明显地降低体内胆固醇的水平

C.对大部分人而言，每天的进食次数不会影响到每天的进食总量

D.对大部分人而言，进食的次数能够很明显地影响到当天的进食总量（P187）

奇特的餐厅

市中心新开了一家大型的餐厅，小王正好要请朋友吃饭，所以到那里看一下厨师的技术怎么样。他走进这家餐厅，发现一件十分奇怪的事情。餐厅内的所有服务人员都是女的，所有的女员工都是河北人，而厨师则都是河南人。经过进一步的交谈得

知，所有的已婚者都是餐厅里的女员工，因此，我们得知所有的已婚者都不是厨师。小王真是觉得太有意思了。

那么，下面哪一项的论述成立，将导致上面这段论述的前提至少有一个是假的？

A.在这个餐厅内有一个是在河北出生的女员工

B.在这个餐厅内有一位出生在河南的未婚男厨师

C.在这个餐厅内有一位不是厨师的未婚女员工

D.在这个餐厅内有一位在河北出生的女厨师（P187）

遗传规律

生物课堂上，李老师正在给学生们讲授血型的遗传规律。他举了一个例子："假如一个人的父母亲都是A型血，那么他们的子女的血型就只能是A型血。这是一种遗传规律，是任何事物都不能改变的。"

听完李老师的话，赵阳连忙举起手提问："李老师，我觉得你说的不对。因为我的爸爸就是B型血，但是我却是A型血。我可是我爸爸的亲生儿子，为什么我不是B型血呢？"

你觉得，赵阳可能是将李老师的话理解为下列哪一个意思了呢？

A.只有A血型的人才能生出A型血的孩子

B.A型血的人不可能生出B型血的孩子

C.无论任何情况下，B型血的人生出的孩子都会是A型血

D.假如父母都是B型血，那么孩子也会是B型血（P187）

动物幼儿园

森林里面住着很多小动物，每到春天的时候，森林动物园就会开学，大象园长就会帮助动物家长们看护它们的孩子。

这天，动物幼儿园又开学了。小动物们被送到学校里面，大家开始一起学习。

每一间教室里面，总共有6个座位，一共是两排座位，每排坐3个小动物。从前往后按着从左到右的顺序，座位的编号是1，2，3，4，5，6。孔雀老师开始上课了，它发现它的课堂上坐的都是长相很相似的小猫咪，幸好它们每个人的名字都不一样。它们是这样坐的：

小咪坐在第一排；小花和小邱坐在同一排；小花在小咪的左边；小邱的右边或者是3号座位，或者是6号座位；小黑坐在中间的位置；小虎则坐在小兰的右边。

那么，你能帮助孔雀老师找出它们各自的位置吗？（P187）

电视机的音量

李明今年正在读高三，学习压力很大。为此，他每天总是抓紧时间努力学习，即使晚上吃完饭他也会学习很长时间才去睡觉。

这天，李明的妈妈正在陪着弟弟看电视，爸爸坐在一边看报纸。李明从房间里面走出来，他告诉上小学的弟弟，把电视机的音量调小一点，因为他在房间里就能听见电视节目的声音，这样影响了他学习。李明的弟弟却并不认为自己把电视机的音量开得很大，他指着坐在一旁的爸爸说道："你看爸爸，他离着电视机这么远看报纸都没有嫌吵，你躲在房间里面怎么可能吵到你呢？"

那么，下面的哪一项能够说明弟弟拒绝将电视机的音量调小是错误的呢？

A.父亲看报纸的时候，习惯用耳塞塞住耳朵，以免被外界打扰

B.弟弟从来不喜欢看书，他不了解看书学习的时候，安静的学习空间有多重要

C.父亲的视力非常不好，所以每次看报纸都需要带上老花镜

D.弟弟每天只是晚上8点以后才看电视（P187）

天气预报

孙伟和笑笑是一对情侣，大学毕业之后，两个人留在了同一座城市工作。孙伟学

的是气象，毕业后在电视台找了一份气象主播的工作；笑笑学的是哲学，毕业后留校任教了。周末的时候，笑笑总是喜欢孙伟能多陪她，但是由于工作的特殊性，孙伟经常需要加班，提前观察好前一天的天气情况。

这天中午，孙伟又急着吃饭，说是一会儿要赶去加班。这时候，笑笑一把拉住孙伟，说道："你不用着急了，我想到了一个好办法。明天做天气预报的时候，你就说有50%的概率会降雨就行了。如果真的下雨了，你就说自己'预报准确'；如果没下雨，你也没有说错啊，因为你说过有50%的概率不会降雨，所以，不管下不下雨，你的预报都是没问题的。"

下面的哪一项论述科学的表明笑笑说法的荒谬性？

A.天气预报人员水平的高低不能只用一次天气预报的准确性作为衡量的标准

B.只有预报的准确率达到100%才算得上是预报正确，其他的情况都只能算作预报失误

C.笑笑所说的话正好揭示了现在天气预报存在的弊端。用百分率的方式预报天气是一种十分不科学的表现，应该十分明确的预报天气有雨或者无雨

D.使用百分率预报天气是一种极为不负责任的做法，这样模棱两可的结果相当于没有预报（P187）

旅游怪现象

近年来，随着人们生活日渐富足，空闲的时间，人们更倾向于走出自己的生活圈子，到各地去旅游，看看外面的世界。每当到了放长假的时候，许多旅游景点都会人满为患。众多的游客聚集在景区，不但促进了旅游区的经济，更让导游们赚满了腰包。

在许多旅游景区都存在这样的现象：每当到了旅游景点，导游们总是不忘将游客们领到当地的工艺产品和特色产品加工厂，让游客到里面观赏购物。虽然很多游客对此表示不满，但是这股风气仍然没能制止住。

那么，造成这种现象最主要的原因最可能是什么呢？

A.工艺产品是当地的特色产品，游客们还是有很多人希望能买到它作为纪念的

B.有一些游客旅行的主要目的就是购物，然后回家分发给亲戚朋友

C.当地的工艺产品和特色产品加工厂的产品质量有保障，价格也相对便宜，对于游客来讲不会造成不必要的损失

D.游客在这些加工厂里面进行购物消费，导游能够拿到相应的分成奖励（P188）

选标结果

某地即将进行危房改造，当地政府针对承建工程的公司进行了公开招标，其中

A、B、C、D四家公司最有可能中标。在选标结果公布之前，四家公司的员工都暗自对投标结果做预测。其中A公司的员工在聚会的时候说："在四家公司之中，只有咱们公司规模最大，实力也最为雄厚，看来这次招标咱们是稳操胜券啊！"B公司的员工私底下也都说："我觉着这回咱们公司和C公司最有可能中标，再怎么说咱们老总也是市长的亲戚，多少会给点面子吧。至于C公司，听说老总也是一个厉害人物呢！"C公司的老总开会的时候对员工说："中标的不是A公司就是咱们公司，其他人想都别想。"D公司的员工说："这次招标，四家公司实力都不算弱，不过我觉得咱们的方案更胜一筹，这次啊，真是非咱们公司莫属了！"

几周之后，选标结果出来了，四家公司人员的预测只有一家说准了。

你觉得下面哪一项会是真的呢？

A.A公司的员工猜对了，A公司中标

B.B公司的员工猜对了，C公司中标

C.C公司的老总和D公司的员工都说错了

D.A、B公司的员工都说错了（P188）

箱子里的宝石

很久以前，山里面住着一位老中医，想要请他治病就必须破解他出的一道题目。

这天，张秀才的母亲得了重病，久治不愈。于是，张秀才到深山里面来找这位老中医。好不容易，张秀才找到了老中医的住所，看门的三个药童却拦住他的去路。他这才想起来，想要老中医救命是需要经过考验的。张秀才连忙请药童出题。

这时候，三个药童拿出一个箱子，打开一看里面是红、蓝、白三种颜色的宝石。药童告诉他里面一共装着99颗宝石，三种颜色的宝石数量相差最多不到4颗。

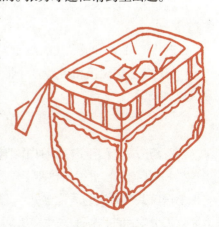

第一个药童说："箱子里至少有两种颜色的宝石少于33颗。"

第二个药童说："箱子里至少有一种颜色的宝石不少于34颗。"

第三个药童说："箱子里任意两种颜色的宝石数量总数不超过99颗。"

最后，三个药童请张秀才猜一下，他们谁的说法是正确的。

你能帮助张秀才分出谁说的是正确的吗？（P188）

一句话的含义

有一句话是这样说的:"世间万物,人最宝贵。"

下面列出了几句话,请你仔细斟酌这些话的意思,然后找出能够代表上面这句话意思的一句。

A.世间万物多姿多彩,很难清楚统计事物的总量,但是在一万种事物当中,人是最为宝贵的事物

B.在世间万物中,只有人类才是最为高级的生物,是世间万物的主宰者,因此,其他的生物都要为人类所利用,为人类所服务

C.题目中的那句话所指的"人"指的是人类这个整体,并非指的是作为个体存在的单个的人

D.在我们处理任何社会乃至关系到人类生存的自然事物的时候,我们要更多地考虑人类这一整体因素(P188)

国际化

某家石油公司连续两年在全球500家石油企业净利润排名中名列第一。在总结成功的经验的时候,公司的董事长坦言道:"我们拥有比其他公司更多的国际业务,和世界上许多国家的公司都保持着密切的贸易往来关系,这保证了我们的公司能够一直不停地运转下去。"

下面的哪一项如果是真的,能够最大限度地支持这位董事长的说法?

A.这家石油公司的股份实际上是两个公司共同持有的

B.近年来,全球500家石油企业都在努力走向国际,力图开创出一条国际化的崭新道路

C.近些年,石油和成品油的油价实际上是相对稳定的,并没有很大幅度的浮动

D.与这家公司规模相当,但是国际业务相对较少的石油公司,净利润明显少于这家公司(P188)

医药公司的广告

某医药公司专门生产一种叫作"咽喉康"的药品。他们在电视上和报纸上都登出了这样一则广告:"当你感觉咽喉不适的时候,请选用'咽喉康',因为这是全国五分之四的医院共同给出的医疗意见。"经过记者的调查,发现去医院就诊的时候,确实有将近五分之四的医院的医生会给病人开出"咽喉康"这种药。

下面这些说法中,哪一项是真的,那么这则广告值得我们提出质疑?

A.社会上还有很多其他的药品,不但对于治疗咽喉疾病有着非常好的疗效,而且对于其他疾病的治疗也十分有益

B.一些药厂会和医生勾结,以极低的价格将药品推销给医生,然后让医生推荐给消费者,也就是病人,医生自己则能从中收取大量的回扣

C.其他的医院也会给病人开"咽喉康"这样的药品,只是不像某些医院那样频繁

D."咽喉康"是一种含片,刚开始的时候或许有一些苦味,不过时间一长就会慢慢变成甜味(P188)

天使、恶魔和人类

传说很久很久以前,世界上天使、恶魔和人类都生活在同一个世界里。有三个来自这三个不同种族的女孩经常会在一起玩耍。

这三个女孩分别是:天使安琪儿,恶魔露娜以及人类露西。由于她们来自不同的种族,所以她们有着十分不同的习俗。天使安琪儿常常说真话,恶魔露娜向来只说假话,至于最为普通的人类露西,她有时候说真话,有时候又说假话。

这天,她们三个人中有一个人对来到村子的一个陌生人说:"我是恶魔。"

你知道这句话是三个人里面谁说的吗?(P188)

买没买纪念品

又到了草原上举办那达慕大会的时间了。李明和同学们一起来到了草原上,感受草原的特殊文化。

他们一行人在草原上学会了骑马、射箭,玩得不亦乐乎;晚上的时候,草原上的老乡十分热情地招待了他们。他们看到有人围着篝火在跳舞,于是走过去一起唱啊跳啊,玩得十分开心。饿了就吃一口草原上真正的烤肉,渴了就喝一口草原人酿的纯正的奶茶。

快要离开的时候,李明和同学们在老乡的带领下来到了当地最为著名的工艺品集散地,从那里挑选了自己喜爱的纪念品。

现在知道的情况是这样的:

(1)李明的同学中有些人买了纪念品;

(2)李明的同学中有人没买纪念品;

(3)和李明一道来的王鹏、李宏都买了纪念品。

假如上面的三种情况中只有一种是真的,那么下面哪一种情况也一定是真的?

A.王鹏和李宏都买了纪念品

B.李明的同学王芳买了纪念品

C.王鹏买了纪念品,但是李宏没买纪念品

D.王鹏和李宏都没买纪念品(P189)

青梅竹马的恋人

镇上住着两户三胞胎的人家,更巧的是,两户人家竟然还是二十多年的老邻居。

其中的一户是李家,李家有三个儿子,分别叫作李大、李二和李三。另外一家是老张家,他家里正好有三个女儿,分别叫作张娟、张芬和张凤。由于从小一起长大,几个孩子的感情十分要好,长大成人以后,他们很自然地成了三对恋人。村里人都说着几个孩子根本就是青梅竹马,让他们一起结婚得了。

村里人碰见他们的时候,总是会问他们"你的新郎(新娘)是谁啊?",几个年轻人还很腼腆,总是非常不好意思,于是经常故意说错自己的新郎、新娘。

李大经常回答说:"我要和张娟结婚。"

张娟经常回答说:"我要和李三结婚。"

李三经常回答说:"我要跟张凤结婚。"

你能根据他们的回答分辨出他们各自的新郎、新娘是谁吗?(P189)

排座位

现在,国际上的交流不只局限于政治经济,在医疗卫生、教育、文化等各方面,国际交流都在不断加强。通过这种全球化的交流与合作,世界各国的人们共同解决了许多以前不能突破的问题。

由于一种新型病毒的出现,一个民间医疗组织举办了一场医学研讨会,邀请世界各国的医学专家针对这一病毒的机理进行分析,希望能够尽快找到一种合适的治疗方案,治疗这种病毒给人带来的伤害。

在这次研讨会上,来自4个国家的5位代表被分配到了一张圆桌上。大会举办方为了交流方便,在开会之前特意调查了解5位与会专家的情况:

(1)甲是中国人,能说流利的英语;

(2)乙是法国人,能说流利的日语;

(3)丙是英国人,能说流利的法语;

(4)丁是日本人,能说流利的汉语;

(5)戊是法国人,不会说德语。

那么,你知道会议组织者是怎样安排他们的座位的吗?(P189)

保护森林

当今社会,很多媒体和环保组织都在宣传绿色生活,也要求我们珍惜爱护环境,保护绿色植物,低碳出行等等,但是,纵观我们周遭的环境,你会发现:一次性筷子还在大量使用、不可回收的垃圾还在被四处丢弃、纸张浪费现象仍然十分严重、环境破坏仍在不断加剧。环境保护志愿者不断呼吁:坚决采取措施,禁止使用一次性筷子!

下面的各项论述中,对于上述的观点给予了有力的支持的不包含哪一项?

A.我国森林资源匮乏，如果将大量的优质木材用作一次性筷子消费掉，将是对森林资源莫大的浪费

B.1998年发生的特大洪灾造成了难以估量的损失，但是那不仅仅是气候原因造成的，和平时我们不注意保护树木、乱砍滥伐也有很大关系

C.森林对于涵养水源、调节气候、防止水土流失有着十分重要的作用

D.对于森林资源，如果只保护不利用将会是非常错误的。我们应当合理的对森林资源加以利用，发展林区的经济，这样才能更好地保护森林资源（P189）

稀有物种

最近，某国爆发了一种新型的传染病，病毒传播十分迅速，该国很多地区都陷入了恐慌之中。政府积极组织救治，并给予科研机构大力支持，期望能尽快攻克疾病治愈的难关。在科研工作者的不懈努力之下，他们终于发现了一种能够有效抑制病毒传染传播的药物成分，但是，这种成分极难获得，只有在该国北部的沙漠中才能找到这种含有特殊成分的植物，并且，这种植物十分稀少，如果不停地采集植物进行药品成分的提炼，那么用不了多久这种植物就会灭绝。

下面哪一项所说的内容将会削弱上面这段话最终得出的结论的可信性？

A.将那种特殊成分通过权威机构发布给专业的医生

B.从那种植物中提取特殊的成分将会花费高额的成本

C.那种特殊植物可以通过人工插枝培育

D.那种特殊成分在许多药品中广泛地使用（P189）

优秀射击手

某大学组织学生进行军训，特意请来了当地军区的一个连给学校的学生进行军训。教官们对同学们十分严格，不过由于时间太短，训练的成绩似乎并不十分理想。在军训即将结束的时候，教官们对同学们进行了实弹射击指导，晚上连里组织开会，几个主要的负责人说了一下自己的想法。

连长对大家说："我今天仔细观察了同学们的射击成绩，发现并不十分理想。毕竟军训的时间比较短，我估计不会有人能够打出优秀的成绩来了。"

接下来一班的班长说话了，他说："我负责的那个班有几位同学曾经接受过军训，所以他们很有可能射击成绩是优秀的。"

二班长接着说："我仔细观察了一下，觉得一班长负责的那个班的班长和体育委员很有可能打出优秀的射击成绩。"

最后考核的时候证明，三个人中只有一个人说对了。

那么，下面各项论述中哪一项一定是真的？

A.体育委员的射击成绩并不优秀

B.只有班长的射击成绩是优秀的

C.这个班里有人射击成绩是优秀的

D.这个班里所有人的射击成绩都不优秀（P189）

比较总成绩

王芳和李明从小就是好朋友，两个人报考了同一所大学。那是一所自主命题的大学，入学考试一共有5门课程。王芳和李明的数学成绩相同，其他四门成绩两个人各有高低，不过两个人每门课的成绩都在60分以上。学校录取的时候，根据他们的总分进行排名。

下面选项中所论述的，哪一项为真，则王芳的总成绩高于李明的总成绩？

A.王芳的最低分是数学，但是李明的最低分是英语

B.王芳的最低分比李明的平均成绩高

C.王芳的最高分比李明的最高分高

D.王芳的最低分比李明两门课的成绩都要高（P189）

文物保护

考古工作者在进行考古发掘的时候，经常会发现一些陶器和木质漆器表面涂有彩绘，这些颜料在刚出土的时候通常还能保持原有的色彩，但是一旦接触到空气，很快就会颜色暗淡，再也没有当时的光彩。为了保护这些珍贵的文物，同时也是为了让现在的人们能好好地观赏古代的文化遗产，考古工作者经过长年的工作经验积累，发现了一种能够最大限度地保护这类文物的方法，那就是在刚出土的时候，在这些文物表面喷涂一层保护液或者进行单体渗透。这样，不仅文物得到了最大限度地保存，而且也为日后的研究工作提供了很大的方便，但是，这样做又存在一个十分严重的弊端，那就是由于这些技术的使用，很可能会破坏文物本身所存留的信息，这样研究者就很可能

不能获得完整的古代彩绘技术信息。

根据上面这一段话提供的信息，下面所有的论述中，哪一项一定是正确的？

A.对于这类彩绘文物的保护只能提供当时使用的颜料的颜色信息

B.出土的这类彩绘文物是获知当时彩绘技术信息的唯一来源

C.仅仅依靠这些出土的有彩绘的文物，并不能推知当时的彩绘技术

D.对于这类彩绘文物不进行喷涂保护液或单体渗透这种工作，它们日后所能提供的信息要多于对它们进行所谓的保护（P189）

失业率的高低

王芳和张丽是大学同学，两个人正在宿舍里面上网，这个时候王芳看到了一条新闻，上面写着："在我国，90%的人所认识的人中都会有失业者！"看到这条消息，王芳非常吃惊地读给张丽听，但是张丽却十分平静，她对王芳说："没什么好奇怪的。你仔细想想，如果现在的失业率是5%的话，也就是说每20个人里面就会有1个人失业。如果一个人认识的其他人超过50个人，那么其中就会有1个或者更多的人失业，但是如果告诉你现在的失业率是5%，你仍然能接受吧。"

根据张丽的说法，你能够得出下面哪个结论？

A.90%的人认识失业者的事实并不能代表失业率已经高到不能接受的地步

B.一般情况下，失业率超过5%将不能为人们接受

C.在一些国家，有90%的人所认识的人不超过50个

D.假如我国的失业率不低于5%，那么就不可能有90%的人所认识的人中都有失业者（P189）

怎样站队

学校组织同学们出去春游，班里的7个同学负责为大家采购春游需要的用品。大家将自己想买的东西列了一张清单，然后班长带领其他6个同学去了城里最大的一家超市。

要想进入超市，就必须乘坐电梯，他们先后上了电梯。在电梯上，他们是这样排列的：

班长后面紧跟着团支书，学习委员后面紧跟着体育委员，卫生委员在宣传委员后面，组织委员后面紧跟着学习委员。班长和体育委员之间有两个人，组织委员和宣传委员之间有两个人，排在最后的是团支书。

根据前面这些信息，你能判断出他们是怎样站在电梯上的吗？（P190）

派遣方案

两军正在激烈的交战中，由于敌方火力太猛，部队难以继续前进，眼看战斗就要

陷入僵局，如果不能尽快突破敌人的防线，那么就会给以后的作战带来很大的困扰。

为了完成作战任务，指导员决定组织一个冲锋队，炸掉敌人的堡垒。于是，请士兵们自愿请战。由于这几乎是不可能完成的任务，所以只有赵、王、孙、李、钱、刘6个人愿意前去，并且他们都有各自的要求：

(1)赵和王两个人至少要去一个人；

(2)赵和李不能同去；

(3)赵钱刘三个人中间必须要选出两个人去；

(4)王和孙两个人必须在一起，要么都去，要么都不去；

(5)孙和李两个人中只能去一个人；

(6)如果李不去，那么钱也不去。

你能帮助指导员选出一个合理的派遣方案吗？（P190）

答疑解惑

第一章　发散思维，打破定式见真知

巧移水壶塞

吉米只要不停地往水杯里加水，当水面高出水杯一点但尚未溢出的时候，水壶塞就会自动浮到水杯中央。

赛马结果

第一回合结果是：杰克、汤姆、约翰、亨利；第二回合结果是：汤姆、约翰、亨利、杰克；第三回合结果是：约翰、亨利、杰克、汤姆；第四回合结果是：亨利、杰克、汤姆、约翰。

最简便的还钱方法

只需要乙、丙、丁每人拿出10元钱给甲就可以把钱相互还清了。

王奶奶的破房

文中没说一定是在下雨天，所以房子在下雨的时候漏雨，没雨的时候自然不漏雨。

多语言的小镇

不要忘记他们都是中国人，只需要讲汉语就可以了。

神枪手

班长只说把帽子挂起来，但是并没有规定帽子挂在哪里。李明只要把帽子挂在枪上就能毫不费力地把帽子射穿了。

父亲的主意

汤姆和约翰相互交换了跑车，这样双方只有加快车速才能让对方输。

怎样涂篱笆

凯莉应当去商店买黄色的油漆。因为红、绿、蓝是没有办法调出黄色的。

三年前的西服

男人如果体重增加很多，肌肉也增长很多，那么三年前的西服早就应该穿不下了。

巧拿玻璃球

杰西卡抓出玻璃球后可以立刻把手藏起来，然后让玛丽拿出袋子里的玻璃球，那么玛丽只能拿出白球，杰西卡手中的白球也就只能被当作黑球了。

神奇的鸡蛋

小兰只需要把鸡蛋拿到高于1米，当鸡蛋下落1米时便用手接住，它当然不会破碎，但是落地后还是会碎的。

信封上的数字

因为信封上其实写的是98，里面一共有98元钱。

同问不同答

第一个朋友发消息的时候还没有过午夜12点，所以李明回答了他一个关于今天的事情的问题，而第二位朋友发消息的时候已经是第二天凌晨，所以李明只好说不知道。

朋友的问题可以是"今晚的足球比赛结果怎么样"，也可以是"今天的彩票开奖号是多少"。

奇怪的邻居

史密斯先生和布朗先生两个人住在相对的房间，如果想要朝一个方向走自然需要一个向左，另一个向右。

马虎的小赵

小赵查出一份文件装错了，那么说明其他9份文件中至少有一份也装错了，也很有可能装错了更多。

小华的肚量

小华当然可以做到，他只要把水壶里面的水倒出来就可以了。因为他并没说要把水喝光。

环球旅行的梦想

如他们所说，梦想就不能实现了。因为不论向南还是向北行驶，当到达极点以后，他们就必须向着相反的方向继续行驶才能绕地球一圈。

迈克的体重

他说的应该是真话，因为迈克刚出生的时候很可能是3千克。

汽车的方向

原因很简单，史密斯先生是在倒车。

天平称糖

可以把三块糖设编号为1，2，3。先称出1号和2号两块糖的总重量，再把3号糖放上去，称出这三块糖的总重量，然后用它们的总重量减去1，2两块糖的重量，就得到了3号糖的重量。以此类推，可以分别称出1号、3号糖的重量和2号、3号糖的重量，用总重量去减，就得到了2号和1号糖的重量。

吊桥奇事

在这荒草不生的孤岛上过了6天，相当于过了6天水米未进的生活。最后这一男子骨瘦如柴，体重轻了自然就可以走过吊桥了。

找错钱的老板

李明解释说："是你多找了6元钱给我。"

不同数字的相同点

猛地一看，好像只有不同点，没有相同点。其实只要你善于发现规律，相同之处还是不少的。相同点有：（1）都是阿拉伯数字；（2）都是4位数；（3）都是正数；（4）都是整数；（5）相邻两位数字之间都相差2。

谁是偷瓜人

摊主可以让男青年抱起妇女的孩子后，再去抱那两个西瓜，如果男青年根本不可能把西瓜和孩子同时抱起，那就证明妇女抱着孩子根本无法偷瓜，男青年就是在为自己偷瓜的事情而撒谎。

兄弟姐妹

妹妹说的不对。哥哥说自己所拥有的姐妹的人数比兄弟的人数多一个，最简单的情况：假设哥哥只有一个弟弟，那么他应当还有两个姐妹，即他们所拥有的兄弟姐妹一共两男两女。那么，妹妹有两个兄弟，一个姐妹。她所拥有的姐妹比兄弟少一个。

被弄混的鞋

100次中能有100次，也就是说，始终是相同的。因为红白箱子里各有24双鞋，红箱子里左鞋不够24双所差的数正是混在红箱子里右鞋的数量。这不够的数自然是到另一个白箱子里去了，因此，红箱子鞋子的数量当然就跟白箱子鞋子的数量相等了。

转硬币

1/2。这道题本来很简单，硬币只有两面，不要说任意转5次，就是任意转100次、1000次，反面朝上的可能性也始终是1/2。

暗中取球

取两个颜色相同的小球，至少要拿出3个。

"不孝顺"的李明

李明的妈妈是电视台新闻记者，她跟随采访团到各个城市去采访，并每天上电视报道采访的情况，所以李明不需要任何外界信息的联系，只要每天打开电视就可以看到妈妈在哪个城市了。

狼与梅花鹿

这只狼可以先钻入笼子中，将梅花鹿咬死，然后将梅花鹿的肉撕成碎片，并将鹿肉一块一块地叼出笼子。狼再从笼子中钻出来，吃掉这只梅花鹿。这样一来，在猎人到来之前就可以顺利逃跑了。

惊险的车祸

两个车前灯是两辆摩托车的灯，摩托车从小李的两侧穿过。

船只遇难的秘密

汤姆是灯塔控制员，他的任务是让灯塔上的灯永远亮着。在他上床睡觉前，心不在焉地关掉了导航灯，一艘船撞到岸礁上，导致整个船只上乘客遇难的严重后果。

机智排险

把钓鱼线扬向天空，绕住直升机的螺旋桨，使直升机下坠。当然，时机要把握得好，而且钓鱼线前端必须绑着石头一类的重物，才能抵挡得住直升机强烈的旋风。机会只有一瞬间。

地理学家死亡之谜

被害人是偶然被从宇宙飞来的陨石击中头部而死的。地球上有无数陨石从其他天体坠落，它们以惊人的速度坠入大气层，直到落下地表前几乎是燃烧着的，但也有不燃烧就落到地面的。

消失的钱

与付账是吻合的。3个人开始拿出300元钱，后退回30元钱，其结果是3人负担270元。

男同学和女同学

领奖台上一共站了13人，女同学有4人，小丁是男的，小吴是女的，他们都没把自己算在内。

猫吃鱼

绳子的一头虽然拴住了猫脖子，但是另一头并没有拴在树上，所以猫是自由的，能够吃水桶里的鱼。

分 羊

智者从自己家里带来一只羊，加在一

起一共18只羊,这样,分给老大的1/2,是9只,分给老二的1/3,是6只,分给老三的1/9,是2只。分完后正好还剩下一只羊,所以他又把原本属于自己的那只羊又牵了回去。至此,羊按遗嘱合理分配了。

断开的铁轨

老师所说的断开的1千米铁轨是指铁轨之间的缝隙加起来有1千米,因为每两根铁轨之间都有一定的缝隙。

遗产分割

那位产妇应分得1000元,儿子分得3000元,女儿500元。这样,丈夫的遗愿就得到履行了。因为产妇所得的恰好是儿子的1/3,又是女儿的两倍。

过 桥

用比桥面长(大于3米)的钢索系在两辆汽车之间,这样就可以避免两辆车同时压在桥面上,减少桥面的负重,从而就能顺利过桥了。

走关口

我们可以试着从结果入手,假设商人只拿着两枚硬币,顺着逻辑推算一下,两枚硬币没收一半再退还一枚的话,最后是不是还有两枚硬币呢?这样在第一个关口剩下来两枚硬币,那么在第二个、第三个以致到第100个关口剩下的都将是两枚硬币,多么聪明的商人。

悬疑案件

凶手开枪时,律师正背对着窗户弯腰,子弹射穿了他的大腿后进入胸部,所以表面上看似中了两枪。

不合格的乒乓球

从6个盒子里分别取出11, 17, 20, 22, 23和24个乒乓球来,然后放在一起称一次就可以知道问题出在哪几盒里。比如:称量之后超重53毫克,而这6个数字能构成53的组合只有一种,即:11+20+22,因此,问题就出在第1盒、第3盒和第4盒。

三姐妹的衣柜

可以把三个衣柜标上数字1, 2, 3,小丽三姐妹分别拿一个衣柜的钥匙,再把剩下的钥匙这样安排:衣柜1内挂衣柜2的钥匙,衣柜2内挂衣柜3的钥匙,衣柜3内挂衣柜1的钥匙。这样,无论谁何时想穿对方的衣服,都能凭着自己手里掌握的一把钥匙打开其余衣柜。

巧分苹果

先把3个梨各切成两半,把这6个半块分给每人1块。另两个梨每个切分成3块,这6个1/3块也分给每人1块。于是,每个人都得到了1个半块和1个1/3块梨。

爆胎的小轿车

从其他3个轮胎上各取下1颗螺丝,用取下来的3颗螺丝去固定刚换下来的轮胎。

烤面包

假设三个面包分别为1, 2, 3,烤面包的具体步骤为:先将1和2两个面包各烤1分钟,然后把面包1翻过来,取下面包2,换成面包3;1分钟后,取下面包1,将面包2没有烤过的一面贴在烤箱上,同时将面包3翻过来烤。

巧倒牛奶

把两个杯子倒满，将牛奶桶里的牛奶倒掉。将300毫升杯子内的牛奶倒回圆桶，把大杯子的牛奶往小杯子倒300毫升，把这300毫升牛奶倒回桶中，再把大杯子剩下的200毫升牛奶倒回小杯子，把桶里的牛奶注满大杯子（500毫升），桶里剩下100毫升。再把大杯子的牛奶注满小杯子（只能倒出100毫升），把小杯子里的牛奶倒掉，从大杯子往小杯子倒300毫升，大杯子剩下100毫升，再把小杯子的牛奶倒掉，最后把桶里剩的100毫升牛奶倒入小杯子。这样每个杯子里都有100毫升的牛奶。

测白醋

方法很简单：首先把瓶子摆正，用直尺从瓶身外测量出白醋的高度；再把瓶子倒立，量出白醋的水平面到瓶底的高度；白醋的高度和第二次测量的空出部分的高度相加就是瓶子长方形部分的高度。最后，就能用白醋的高度占整个瓶高的密度得出白醋占整个瓶子容积的密度了。

蚂蚁乘凉

把树叶的一端稍微卷起来紧挨着树叶的一面，这样蚂蚁就能顺利地从树叶的一面爬到另一面去。当然蚂蚁如果要这样做需要人的帮助。

哪个温度降得快

以上说的这种情况是姆潘巴现象。温度高的一杯降得快。你可以拿着两杯盛有温度不一样的热水杯亲自试验一下。冷却的快慢不是由液体的平均温度决定的，而是由液体上表面与底部的温度差决定的。

热奶茶急剧冷却时，这种温度差较大，而且在整个冷冻前的降温过程中，热奶茶的温度差一直大于冷奶茶的温度差。上面的温度愈高，从上面散发的热量越多，因而降温就愈快。

红辣椒和绿辣椒

锅里只炒一片红辣椒和一片绿辣椒就行了。

猜　谜

地球。在地球上随便往上空扔一块石头，它都会回来的。

平均分配

熊妈妈先让小熊A将蛋糕平均切分成两份，然后由小熊B先在两份中挑选一份，剩下的那份就留给了小熊A。因为蛋糕是由小熊A切的，这两份在它的眼中当然都是大小相同的。两份蛋糕在小熊B的眼中肯定大小不一样，所以它挑走的那份一定在它眼中认为是比较大的。

路程与时间

这道题很容易给人造成一种错觉，以为是一个很复杂的问题。其实想一想就会明白：70分钟和1小时10分钟一样长。

没有驾驶员的轿车

在这次事故中，轿车司机根本不存在。其实卡车是用来运送轿车的，所以，在整个事故中，虽然有九辆车，却只有一个司机。

衣柜里的樟脑丸

别墅主人说自己两年没有回来，如

果这样，尸体旁边的樟脑丸应该早就挥发了，而现在樟脑丸在尸体旁边，就说明他近期来过别墅。

谁是绑匪

绑匪就是邮局的邮差，因为除了他之外，没有任何人能取到这笔钱，而且也不容易引起怀疑。虽然收包裹业务的负责人也可能拿到赎金，但绑匪并不知道王东在哪一个邮局投寄赎金，所以能收到赎金的只有邮差。

应该藏在哪里

沙子当然藏在一堆沙子里最不容易被人发现，人藏在人群中最不容易被发现。

第二章　文字游戏，咬文嚼字的智慧

老人的年龄

"未"和"本"都可以拆分成"八""十""一"三个部分，所以那两位老人今年81岁；"白"和"百"相差"一"，所以另一位老人今年99岁。

巧对谜题

答案就是"后来居上"。

客栈的菜单

秀才原本的理解是"没有鸡，鸭也可以；没有鱼，肉也可以；青菜豆腐不可少"。老板给秀才念的是"没有鸡鸭也可以，没有鱼肉也可以，青菜豆腐不可少"。

苏轼问对

"庆有余"和"磬有鱼"同音，苏轼早就发现了佛印藏着的鱼。

猜词谜

谜底是"凹""凸"。

天下第一味

"天下"寓意"大"，"第一"即"头"，这里的"味"还可以当作"菜"讲，所以"天下第一味"指的是"大头菜"。

郑板桥的智慧

对联上写的正好缺"一"少"十"，寓意"缺衣少食"。

谜语戏秀才

谜底是"井"字。

幽默的妻子

妻子要买的东西就是"蜂蜜"，从左往右是"蜂蜜"，喝起来是甜的；从右往左是"蜜蜂"，会飞不是鸟。妻子是需要买东西做饭，所以当然是"蜂蜜"。

人事经理的谜语

人事经理给他的那几句话是一个字谜，谜底是"用"字。

书童猜谜

冯梦龙是要书童拿一张桌子。桌子就是"有面""有脚"，能"喝酒"、能"吃肉"。

巧解"一盒酥"

"一盒酥"可以拆开看，就是"一人一口酥"，就是让大臣们一人吃一口。

纪昀题字

"竹苞"拆开就是"个个草包"。

牧童指路

"朝"字去掉了左边,意思就是"朝左边去",所以应该向左边走。

秀才得画

那幅画的谜底就是"伏",即"一人一狗"。秀才做出了画上字谜的谜底指示的动作。

门上的玄机

门上写"心"和"木"分别代表着"闷"和"闲"。

巧骂财主

四个字按照郑板桥的要求去漆,就变成了"牙门走苟",和"衙门走狗"同音。

兄弟猜谜

兄弟俩说的都是"雪"。"山"睡在"雨"下面自然就是"雪"了。

婆婆卖瓜

"米"符合他们谜面的所有说法。

贤人猜字

他们都是在说"一"这个字。

语文老师的诗谜

答案是"灵机一动"。

有趣的字

"章"去上面是早,去下面是立,去中间是辛,去上下是日。

字母表的问题

不要急着说"Z","Z"只是26个英语字母的最后一个,但是题目中问的是英语字母表的最后一个字母,所以答案应该是"T"。

巧过独木桥

两个人一前一后走过去就行了,因为"从南来"和"向北去"的两个人都是向北方走。

糖罐子

只需要放进一颗糖,罐子就不是空的了。

聋哑人和盲人

盲人能说话,直接告诉售货员要买剪刀就可以了。

违章的司机

因为当时约翰并没有驾驶公交车,他当时是一位走路的行人。

曹操考儿子

曹操说的是"八"。两个笔画相互对称,就像是一对飞燕;在古代用毛笔写字的时候,右边的一笔又会写得稍微粗一点,所以说一只瘦一只肥;一年中只有一个八月,但是每个月却有初八、十八和二十八三个"八"出现。

老农的谜题

老王说的是"汗水"。

聪明的琳琳

谜底是"腻"字。"贰"是"二"的大写。

秀才巧添字

秀才改后的诗句是"一不要钱,嫌少;二不要命,嫌老;三不要官,嫌小;四不要名,嫌臭"。

王安石考书童

王安石说的是一个谜语,谜底是"用"字,所以,男孩被录用了。

官员的奏折

"五百村"是一个村名,"漂走一万户"说的是大水冲走了一户姓"万"的人家。

才子巧化险

解缙告诉皇帝,扇子上写的是他改编之后的诗:"黄河远上,白云一片,孤城万仞山。羌笛何须怨,杨柳春风,不度玉门关。"

对联妙读

祝枝山向贪官念道:
明年逢春好,不晦气
终年倒运少,有余才
此地安,能居住
其人好,不悲伤

巧背圆周率

3.14159265358979323 84626

巧骂叛国贼

上联少了"八",即"无八",和"王八"同音。下联少了"耻",即"无耻"。

猜字谜

谜底是"森"字。字谜实际上说的是"不"出头,这样"不"就变成了"木"。

李白品醋

李白的诗是一个字谜,每句一字,是在说"何等好醋"。

巧言解困境

史密斯先问了朋友一个问题:"你能绝对保守秘密吗?"朋友回答:"当然。"

他回答:"那么,我想我也可以。"

最佳裁缝店

第三家店铺挂出"本街道最佳裁缝店"。这样,不管前面两家挂出什么,它永远都是那条街最好的。

狡猾的短信

只要挡住这些字的下半部分,谜题就能轻易解开了,即"五人八日去九龙取金"。

伍子胥猜谜

答案是"日",就是太阳。

听故事猜成语

故事讲述了"无中生有"这个成语。

浪子过年

改后的对联是:"早行节俭事,免过淡泊年。"增加了"早"和"免"意思就大不相同了。

父母的职业

小孩的父亲每天负责担水,母亲每天用石磨磨豆子。他们是做豆腐的。

秀才的姓氏

高个秀才姓"王",矮个秀才姓"胡"。"夏商之时夜间光"即古时候的月光,即"胡"。而"王"字上下颠倒也还是"王"。

深层含义

"恳"字上边加一点就变成了良心,少了一点就意味着"少了一点良心"。

改联骂官

上联的"士"被改成"土",下联的

"夫"被改成"失"，"人"被改成"夫"。这样对联就变成了"父进土子进土父子皆进土，婆失夫媳失夫婆媳皆失夫"。

公主之死

凶手就是菊妃，四个字各加上一笔就会变成"菊妃杀女"。

巧对哑谜

苏轼的意思是"狗啃河上（和尚）骨"，佛印的意思是"水流东坡诗（尸）"。苏轼号东坡居士。

聪明的儿媳

四样东西分别是：盐、油、花椒和虾米。

火车在哪里

不要被上面的说法误导，题目中没有问火车应该到达哪一站，火车当然还是在铁轨上面。

读书计划

不管中间发生什么事情，小明每天也只会读20页书，所以第20天小明也读了20页书。

猎人逃跑

"猎人过去了"，并不一定是渡过河了，也有可能是晕死过去了。你想到了吗？

星巴克的咖啡

很明显，约翰从头到尾只喝了一杯咖啡。

第三章　形象思维，越玩越聪明

不是双胞胎

因为两个人也有可能是三胞胎或者五胞胎中的两个人。

谁是凶手

很明显，凶手就是边上的白猫。仔细看题目你就会发现，题目中没有说死的是人，所以也很有可能只是一种动物，例如水里面养的金鱼。

多出的小男孩

董事长不一定就是男人，如果这位董事长是一位女士，那么她很可能已经怀孕，并且在地牢里面生产了，所以地牢里面才会突然多出一个小男孩。

会发生什么

打火机根本不会点燃，什么事情都不会发生，因为这个星球上根本就没有氧气，根本就不会着火。

奇怪的算术题

在时间上，上午7点再过8小时，正好是下午3点。

穷小子过河

先将羊带过河，穷小子自己回到岸边；然后带青草过河，将青草留下，带羊回来；然后将羊留下，带狼过河，穷小子再回岸边；最后带羊一起过河。

奇怪的钟表

约翰床头的钟表是一个电子时钟，当天一个显示时间的格子坏掉了。

巧射仙人掌

至少要找到七棵竖着排列、高低不同的仙人掌就可以做到了。子弹可以穿过低处的仙人掌的头，接着再射穿高处的仙人掌的茎。

不能入睡

由于旅馆的隔音效果不好，导致约翰能够清楚听到隔壁客人的鼾声，这样他根本无法入睡。于是，他给隔壁打了一通电话，吵醒了那位客人，这样他就能安然入睡了。

两个人过河

小林和另外一个人分别在河的两岸。小林过河之后，那个人只要划着船再过来就可以了。

五年前的箱子

时间已经过去五年，小林肯已经长大了很多，步子也比以前大了，所以走10步找不到，但是妈妈已经是成年人，不会再继续长高，步子大小也不会变，所以能顺利找到。

海底隧道

商行代表很高兴地说道："那你们就能得到两条隧道了。"

咖啡杯中的方糖

查理喝的是速溶咖啡，他还没有冲咖啡，所以里面的方糖当然不会溶化了。

宋版的图书

《康熙字典》是清代编纂的图书，不可能有宋版，小李当然怎么也找不到。

一句话答题

布朗教授只说了一句"不知道"，这样就巧妙地回答了所有的问题。

反插口袋

穿裤子的时候故意将裤子穿反，这样你就能轻松地实现上面的要求了。

手部的感觉

手部不会烧伤。因为当手放进沸水中的时候，手部周围的气体膜会很快被沸水溶解，这样才导致了烫伤。而手放到空气中的时候，手部的空气膜不会迅速地消失，所以，在很热的空气中做短暂的停留不会伤到皮肤。

善意的提醒

算命先生只是看到秀才身后有一个独眼壮汉偷偷跟随，手上又拿着一把刀，于是推断出秀才会遭遇不测，没想到秀才不听他的提醒。

飞机的投影

地面上根本就不会出现飞机的投影，因为当时太阳已经落山了。

大家的关系

小李其实是一位女士，吵架的是她的丈夫和父亲。

跳过小河

吉米长大以后，他就可以轻松地跳过小河了。

下一个数字

接下来的数字应该是13，可以看出来，前面的每一个数字都只能被它自己和1整除，所以应该是质数数列。

消失的番茄酱

当大儿子往下倒番茄酱的时候，二儿子张开嘴巴，将番茄酱吃到了肚子里面，外面当然找不到番茄酱了。

熊毛的颜色

克里夫的毛是白色的，因为它是一只

北极熊。只有当它身处北极的时候，它才可以那样走回家中。

不停变换的风景画

小明拿来的画框和窗户一样大，他用画框将窗户框起来，这样窗外的风景就成了一幅不停变换的风景画。

哪朵是真花

明明只需要站在那里等待，看那一朵花上面会引来蜜蜂或者蝴蝶，那么它就是真花了。

应该在第几层

汤姆应该爬到第五层。因为两个人从第一层开始，当约翰到达第九层的时候，他其实只跑了八层，那么汤姆应该跑了四层，也就是在第五层。

找出熟鸡蛋

将鸡蛋放在平坦的桌面上旋转，如果是熟鸡蛋就容易在原地打转，如果是生鸡蛋就容易到处滚动。因为熟鸡蛋的内部已经凝固成一个整体，而生鸡蛋的蛋黄还在里面晃动，不稳定。

怎样切蛋糕

如果你仔细观察过，就会发现太极图正好符合杰克爸爸的要求，所以只需要将蛋糕按照太极图的形状分开就好了。

坑里有多少土

大坑就是从土地上挖出来的，所以，大坑里面当然已经没有土了。

飞行员的名字

只需要认真读上一遍，你就会发现"你"的名字就是飞行员的名字。

环球航行

环球航行的人是麦哲伦，根本不是哥伦布，所以这里没有正确答案。

国外旅行

李明是一个很像中国人的名字，但实际上李明是一个美国人，他从美国到中国来旅游，身边当然都是中国人。

内科还是外科

即便是医生也难免会感冒发烧，因此他们也需要看医生，所以得了内科疾病的外科大夫从内科出来是很正常的事情。

还剩多少牛奶

将牛奶桶半倾斜，如果牛奶能盖住桶底，里面的牛奶又不会溢出来，说明还有多半桶牛奶；如果盖不住桶底，说明还有不到半桶的牛奶。

军队过河

只要不停地往冰面上泼水，冰面很快就会结成厚厚的冰。到时候，就可以放心地过河了。

盲人分颜色

黑色的衣服相对于白色的衣服更容易吸收热量，因此可以将两件衣服挂到太阳底下晒一会儿再去摸，更热的那个就是黑色的，稍凉一点儿的就是白色的。

让鸡蛋立正

爸爸拿着鸡蛋在桌子上磕了一下，鸡蛋的一头碎了，于是很容易就站立起来了。

门前的小河

小河里面虽然平均水深只有0.9米，可是不排除小河最深的地方有两米或者更深。这样的话，艾琳被淹死也是可能的。

预测地震

玛丽根本就不能预测地震，她只要说："镇子上以后会发生地震。"那么，不管地震发生在什么时候，人们或者她自己都可以说她曾经预测到会发生地震。

最大的影子

我们生活在地球上，所以这个世界上最大的影子就是地球的影子，即黑夜。

站立的妙法

两姐妹将报纸塞到房间的门下边，一边露出一点，然后两个人分别站在门两边，这样两个人既同时站在了报纸上，又没有靠在一起。

遭遇雷击

小明的手上一直拿着风筝线，而当时风筝还没有收回来，于是被淋湿的风筝成了导线，小明就是这样遭遇不幸的。

反常举动

当时工人们正在高架桥上面，如果跳到两边的话一定是非死即伤，但是他们离桥的一端非常近，只要快速跑到桥的一端，再向两边跑，就不会被火车撞到了。

孰大孰小

想象小时候常玩的游戏，你就会发现，在"石头剪刀布"这个游戏中，老师所说的话就成立了。

无法模仿的动作

饲养员所说的动作是"先闭眼接着睁眼"，因为当人闭上眼睛的时候，猴子也会跟着闭上眼睛，可是猴子并不知道人什么时候会睁开眼睛。

巧剪绳子

只需要将绳子两端系起来，这样绳子就变成一个圈了，再随便从一个地方剪开，绳子还是一根。

字母变小

将所给的火柴棒摆放在E右上边的缺口处，这样"E"就变成了"e"，大写变成小写，这也算是变小。

怎样落下

小球当时已经到达了最高点，所以这时候剪断绳子，小球就不会再受绳子的牵引，自然就会垂直下落。

测试气球

那位测试者在研究所的房间里面吹气球，当气球胀满房间的时候，当然怎么吹都不能再继续膨胀了。

快速切豆腐

小王先将豆腐横着从中间切开一刀，然后从上面切一刀，豆腐就变成四块了。这时候将四块豆腐摆在一起，再从中间切一刀，这样就完成了。

奇怪的比赛

他最后报告的是百米游泳比赛。运动员从台上跳下水后，就需要一直前进到终点。

怎样扩建

当然可以继续扩建游泳池。迈克只需要将四棵树当作扩建之后游泳池的各个边的中点，然后画出交叉线，那么游泳池不但扩大了一倍，还保持了原来的正方形。

追公交车的男人

因为那个男人就是公交车的司机，当他下车方便的时候，公交车自己从坡上面滑了下去，他当然要去追车了。

巧过冰河

探险家用身上的工具砸开一大块冰，然后让冰浮在水面上，这样就能顺利过河了。

奇怪的蛇

当这些蛇相互填满肚子之后，它们就不能再吞食任何东西了，因此圆圈会停止缩小。

毛衫巧换面

当然可以换面。首先，将毛衫从下开始拉过头脱下来，这样毛衫就反着面挂在细绳上面了。接着将毛衫从一个袖子里面塞过去，整理好之后，毛衫就已经翻了一个面。这时候再将毛衫穿好，就是正确的了。

新颖的结尾

他说道："写到这里，年轻的作家一把撕碎了稿纸，嘴里喃喃自语道：'我怎么会写出这么俗套又无聊的故事呢？'"

巧言对暴君

小贩对国王说："其实，我是一位巫师，因为泄露了太多的天机，所以每个月必须有一天说假话才能抵罪。今天正好赶上我要说假话。"

警示标语

饲养员在上面改写道："喂食动物者罚款，并要求将垃圾捡回。"

小明的魔术

小明将一个装满水的大桶放在那里，然后将一个空杯子放在里面装满水。这样不管他怎样倒立或者移动杯子，里面的水都不会出来了。

自杀还是他杀

尸体距离墙根20厘米，如果从3米的高空落下，尸体不可能如此靠近墙壁位置，所以应该是被杀后移到这里的，这就是张队长认定他杀的依据。

蜡烛提供的证据

屋子已经停电，蜡烛一直在燃烧，如果死者是死于自己的卧室里，那么已经过了24小时，蜡烛应该燃烧尽了，所以，死者死于别处，被凶手移到卧室里，他走时忘记吹蜡烛。

谁捆绑了她

警长看到炉上的水壶一直烧着水，从早上一直烧到晚上，应该早就烧干了才对，所以妻子在说谎。

第四章　创新思维，难能可贵是创造

兄弟分油

他们可以将两个油瓶放到一个装满水的水箱中，然后让两个油瓶浮在水面上，将油瓶里面的油倒来倒去，最后两个瓶子浮出水面高度相当时，里面的油就一样多了。

摆出三角形

老师只是要求使用木棍摆出三角形，可是没有说过三根木棍一定要全部作为三角形的边。只要将长的那根留出多余的部分，照样能摆出三角形。

漂浮的木块

用导管将烧杯里面的水全部排出来，木块自然就沉到底部了。

两米多的鱼竿

鱼竿长度有两米多，但是只要把它斜着放到不足两米的长方形盒子里面，就能把它带上公交车了。

切开蚯蚓

小强没有横着切开蚯蚓，而是竖着劈开了蚯蚓，这样它自然无法存活。

灯泡的体积

爱迪生将灯泡里面装满水，然后再将水倒入烧杯中，这样就能得知灯泡的体积了。

怎样量水

将长方形容器沿着一条底边慢慢倾斜，当水面正好没过那条底边和底边斜对的边时，正好就是0.5升。

巧取乒乓球

迈克只需要大口地向着玻璃瓶里面吹气。由于乒乓球十分轻，它会被吹得跳起来，这样多吹几次，乒乓球就会自己跳出来了。

硬币怎样落下

用吸管在火柴的弯折处不停滴水，火柴纤维会由于不断吸收水分而慢慢膨胀，进而渐渐伸直，硬币自然就落下去了。

一口气吹倒瓶子

如果对着瓶子猛吹，由于瓶身是圆的，吹的气流都沿着瓶子的边流动，所以瓶子还是稳如泰山、一动不动，而从瓶子底部吹气，就能将气流直接从底部灌输到瓶子上部，从而动摇其根基，将瓶子吹翻了。

4-4=8

他把一张纸的4个角撕掉了，这样，在纸上呈现出了8个角。从而不费吹灰之力就向大家证明了4-4=8。

猜 牌

准备笔和纸，可以现根据题目给出的数字线索推出每张牌的具体位置，得出5在3的左侧，K在5的左侧，再根据图案信息推出每个图案对应的具体数字牌，这样就可以得出三张牌的具体信息，从左到右依次是：方片K、红桃5、黑桃3。

分 饼

玛丽原来一共有15个香酥饼。杰克得到了7.5+0.5，即8个，还剩下7个；汤姆得到了3.5+0.5，即4个，还剩下3个；查莉得到了1.5+0.5，即2个，还剩下1个；吉姆得到了0.5+0.5，即1个，而玛丽则一个也没得到。

贪婪的烟鬼

赫拉可以把10个烟头中的9个卷成3支烟，之后他只剩下1个烟头。当他抽完卷成的3支烟后，又有3个烟头，这样，他就可以卷成第四支烟了。

巧移5分硬币

左手按住中间的硬币（即可以接触但不能移动的硬币），右手将那枚5分硬币（即可以接触又可以移动的硬币）向右边移动，使它与1元硬币保持几厘米的距离。用这枚5分硬币迅速撞击1元硬币。使1元硬币左边的5分硬币移动两三厘米，而它们的空间足够放下右边的5分硬币，这样，问题也就迎刃而解了。

如何将水倒一半

将玻璃杯从一边抬起，这样水就会从另一边溢出。当水平面正好处于玻璃杯的一个上角到玻璃杯的一个下角的对角线时，玻璃杯内的水正好处于玻璃杯的中间位置。

神奇的线

其实根本不是什么戏法，那个人在另外一个人的鞋底上画了一条线，所以另外一个人花费了几天的时间才将那条线的痕迹磨掉。

奇怪的选择

因为村子里只有两个理发师，而这两个理发师自己理发时一定会去找对方帮自己理发，所以说，那个发型剪得比较好的理发师一定归功于另外一个理发师高超的技术。

分钢笔

5名同学一人一支。

那盒子里剩下的一支钢笔又怎么解释呢？因题目中并没有"剩下"的字眼，最后一名同学可能得到钢笔后没有拿到手里，而是直接放到了盒子里，不管怎

样，反正都是他所分得的，不是吗？

悟空智斗八戒

悟空把石头扔到悬崖下，八戒即使有天大的本事也跨不过去。

排　序

牌的顺序是AQAAQQQ。

鸡和狗

农场里有11只鸡，4条狗。因为有15个头，所以最少有30条腿，但是，汤米算出一共有38条腿，也就是比最少的数多了8条腿，因此，多出的8条腿必定是狗的。8除以2便是四条腿动物的数量。由此得出，狗的数量是4。

蜗牛与井

实际上蜗牛每天爬行的速度是0.8米。第三天的时候，它将向上爬2.4米。到第三天白天的时候，蜗牛就会从井里爬出，所以，答案是3天。

骑车人

莎拉骑1小时的自行车后把自行车放在路边，并继续步行2小时，行走8千米后到达姥姥家；莎娅步行2小时后到达放自行车的地方，然后骑1小时的自行车，这样她就能和莎拉同时在最短的时间到达姥姥家了。

排　名

甲为第一名，乙为第二名，王为第三名，李为第四名，丙为第五名，丁为第六名，张为第七名，赵为第八名。

李白巧饮美酒

将软木塞压入酒坛内，可以轻松地

倒出美酒。

聪明的乌鸦

乌鸦用嘴把小石子一个一个地放进瓶子里。这样，瓶子里的水渐渐升高，乌鸦就喝到水了。

猜人名

刘邦（"留帮"的谐音）。

汽油挥发

第三天汽油是原来的：$1/2×2/3=1/3$；第四天汽油是原来的：$1/3×3/4=1/4$；第五天汽油是原来的：$1/4×4/5=1/5$……以此类推，第n天时汽油还剩下$1/n$瓶。由此得出，第20天时汽油还剩下$1/20$瓶。

巧挪巨石

在紧靠巨石的脚下挖了一个足够容纳巨石的深坑，然后大家一齐使劲推，巨石就会滚入坑中，这样就能把路填平了。

对方的脸

这两名员工可以一个面向南、另一个面向北面对面站立，如果你认为两个人是背对背站立，那就看不到对方的脸。两个面对对方站立的人，也同样可以一个面向南、另一个面向北站立，这样就可以看到对方的脸了。

如何分辨生熟鸡蛋

将两个鸡蛋分别拿在手中摇晃，生鸡蛋有流动感，而熟鸡蛋像石头，没有摇晃感。

胖子和瘦子

瘦子把绳子直接绑在了胖子身上，胖子就算费尽九牛二虎之力，也难以跳出去。

神奇的张力

首先，剪一块比钢针稍宽的软纸，把这根针轻轻地放在纸的中央，然后把这张有针的软纸放入水中。过一会儿，软纸会因吸满水而沉入杯底，此时钢针会因为水面张力的扶持而漂浮在水面上。

排选方法

72种。

让谁上船

小刚可以让救命恩人即那个医生和孕妇先坐船渡河，这样医生就可以暂时医治并照顾一下孕妇，然后自己留下来陪同学等待下一条船。

说谎的凶手

史密斯说"窗口有个影子双手举着木棍"，这就是谎言。因为桌子上台灯的位置是在被害人与窗口之间，不可能把站在被害人背后的凶手的影子照在窗子上。

穷人智取土地

姓吴的穷人自称"吴旧"，县太爷也喊"吴旧"，财主听到的却是"吾舅"，以为他们是亲戚，所以就吓跑了。

圈地

张昭用小刀将牛皮割成细细的牛皮条，然后把这些牛皮条一个个连接起来。在土地上选好一个点做圆心，以一条直线做直径，用牛皮绳圈起一个圆来。这样一来地主就失去了大片土地。

如何署名

这位负责人一改海报的平面形式，而

是改装成一个灯笼。三个作家的名字都写在上面，三个名字转圈出现，这样谁都可以说自己的名字在前面。

更换轮胎

如果每过5000千米就换一次轮胎，这样所有轮胎可以使用4次；而原来三轮车上的3个轮胎加上5个备用轮胎一共8个轮胎，把这8个轮胎分别编上序号，按以下顺序更换轮胎：123,124,134,234,456,567,568,578,678。这样一来，正好能够行驶5万千米。

糊涂的审判长

审判长这样说："一半终身监禁就是犯人应该坐一天牢，释放回家一天，然后再坐一天，释放一天，如此下去，直到他死为止。"

名画的价值

90%的账面价值与125%的账面价值之间相差35%，而35%相当于1.05亿美元，因此，原来这幅作品的账面价值就是3亿美元。

超 车

有可能会出现这种情况：比如，甲的车在途中发生爆胎、没油了等故障，停了一段时间。当车修好后，为了赶上乙，当然就加速行驶了。虽然甲车没有超越乙车，不过交警还是会给予罚款的。

火攻敌军

将军让大家拿起镜子，众多面镜子把阳光集中反射到一点——敌船的风帆上，使这个点的温度迅速升高，上过油的风帆就很容易燃烧起来了。

求婚者

他在地上找到一只蚂蚁，把蚂蚁拿起来，用丝线系住蚂蚁的腰，把蚂蚁放在珠子的一端洞口，再找来一些蜜，抹在另一端的洞口。蚂蚁闻到蜜香，就渐渐地往洞里钻，当它到达洞的出口时，丝线也被带出了洞口。

创意弹琴

当安吉莉亚弹到那个音符的时候，便低下头，用鼻子弹出那个音符。

巧放巨石

小明用铲子挖掘巨石下面的土壤，把两个20千克重的岩石放进去即可。

别出心裁

制造商改用透明塑料袋来包装，这样搬运工人就能看到里面的玻璃杯，自然会加倍小心。

巧装鸭梨

把篮球里的气放掉，将球的其中一面压瘪，使球成为一个碗形。然后把鸭梨放在上面就可以了。

如何安排时间

弗里达先生去时用了两倍的时间，也就是把原计划往返的时间都用上了，但他与客户见面的地点就在机场附近，所以他在机场能见到自己的朋友杰克。

半张甜饼

数量为奇数的甜饼，取其一半再加上半张甜饼，一定是个整数。可以采用逆推法，安吉拉分到最后只剩下一张甜饼，假设她把甜饼分给爱丽丝之前有3张甜饼，

3/2+1/2=2，所以安吉拉分给爱丽丝应该是2张甜饼，最后自己留了1张。假设原来有a张甜饼，那么根据已知可列出方程：1/2a+1/2=a−3，解出方程式得知原来有7张甜饼。

糊涂的售货员

四件商品单价分别是2.25元、2元、1.5元、1元。

卖酱油

假设两个桶分别是A桶和B桶。从A桶往2500毫升的瓶子倒满酱油，用2500毫升瓶子倒满2000毫升瓶子，2500毫升瓶子里剩500毫升酱油；将2000毫升瓶子的酱油倒回A桶，把2500毫升瓶子里的酱油倒入2000毫升瓶子；从A桶中倒出酱油把2500毫升瓶子倒满，用2500毫升瓶子倒满2000毫升瓶子，2500毫升瓶子剩1000毫升；将2000毫升瓶子的酱油倒回A桶，用B桶倒满2000毫升瓶子，用2000毫升瓶子中的酱油把A桶加满，这时2000毫升瓶子中的酱油剩1000毫升。

买 钟

选择两年准一次的钟。这道题如果换一个问的方式，就很好回答。要是一个钟是停的，而另一个钟每天慢1分钟，你当然会选择每天只慢1分钟的钟。本题就是前面的变形：两年准一次，也就是一天慢1分钟，需要走慢720分钟，也就是两年才能再准一次，而每天准两次的钟是坏的。

粗心的服务员

"男女"的房间。因为三个牌子全都挂错了，所以挂有"男女"牌子的房间一定是只有"男"或只有"女"。很容易就能判断出来了。确定了这个，其他两个就判断出来了。

智选开关

第一步：打开开关A，5分钟后关闭开关A；第二步：打开开关B；第三步：进入仓库，开关B控制的是亮着的灯，用手去摸不亮的灯，发热的是开关A控制的灯，不发热的是开关C控制的灯。

衣服的颜色

玛丽的衣服是黄色的。分析：假设玛丽的衣服是红色的，那么三句话都是错误的；假设玛丽的衣服是黄色的，后两种看法是正确的，第一种看法是错误的；假设玛丽的衣服是黑色的，那么三种看法都是正确的，因此，玛丽的衣服是黄色的。

判 刑

他们之所以选择坦白是因为出发点都是源于自身利益的考虑。他们的想法可以大致分为以下两种情况：（1）如果他不坦白。我坦白，1年刑期；我不坦白，3年刑期，由此来看，坦白更好；（2）如果他坦白。我坦白，5年刑期；不坦白，10年刑期。坦白更好。综合来看，还是选择坦白好。

无法消失的字

小王用幻灯机里的强光把"违规"两个字射到隔壁的木板上，这样一来，如果不拿走木板，这两个字就不会消失。

让孩子更聪明的思维游戏

如何分钱

三人一共带了9个面包，A、B、C每人吃了3个。也就是说，A给了C2个，B给了C1个，所以C拿出的9元钱应该给A6元，给B3元。

分衣服

他们分别有40件和160件衣服。结果显示两人衣服总数是乐乐所剩衣服的5倍。乐乐只剩自己衣服的1/3。于是乐乐本来衣服加上20件衣服后总数的2/3再乘以5，就等于乐乐本来衣服数量的2倍。

聪明的员工

他一共加了8个小时的班。他选择在星期一、星期三、星期五的午夜来加班，每次加班两个小时，然后周日再加班两个小时，前三次每次加班都跨过了两天时间，所以满足了资本家叫他每天都要加班的要求。

巧克力

15个。第四次吃掉一半又半个，实际上就是吃掉了一个。由此逆推可得出正确答案。

知识竞赛

玛丽不能过关。随便回答的概率要从没有把握的21道题中计算，也就是那21道题中，按概率可以答对21/3=7道，再加上有把握的9道，只能答对16道，不够18道，所以玛丽不能顺利过关。

共有几个苹果

因为筐里的苹果除了小亮摘的就是小刚摘的，综合这两个人的话可以得出：小刚摘的4个苹果是筐里苹果总数的一半少一个，或者说小亮如果给小刚一个，小刚的苹果就是筐里总数的一半，因此得出总数的一半就是4+1=5（个）。再求出苹果总数应该是5+5=10（个），所以，综上所述，筐里总共有10个苹果。

求　佛

开始时他有42元钱。解析：（1）中年人没有给第三个佛像时，剩下的钱是（1+3）×2=8；（2）中年人没有给第二个佛像时，剩下的钱是（8+2）×2=20；（3）中年人原本的钱是（20+1）×2=42，因此，中年人原本口袋里有42元钱。

快速数钱

从100元中数出75元，那么应该还剩下25元，同样的如果数出25元，剩下的部分就是75元，但是速度却要快很多。

逃脱火圈

想要躲开火焰，往外面跑是不可能了。那么就只能让火往外面烧，所以只要他们在所占的地方划出一个大圆，再放一把火让火向着四周烧去，那么火焰就会离他们越来越远了。

聪明的老农

老农对看守说："我来这里准备被绞刑架绞死。"看守本来是要绞死老农的，可是那样老农说的就是真话，按照吩咐就应该将老农推进河里淹死；但是如果推进河里淹死，老农说的又变成了假话，那么应该把老农绞死。这样看守就不知所措了。

怪异的选择

乙巫师的意见虽然正确率不高，但是错误率更高，那么只要按照他所提供的意见的相反意见去做，就会有70%的正确率，反而高出了甲巫师的正确率。

还剩几支蜡烛

当时，桌子上有3支蜡烛熄灭了，所以，等他们回来之后，桌子上就只留下没有燃烧的那3支蜡烛了。其他5支蜡烛已经燃烧完了。

比赛说谎

林秀才说："要不你站到门外来，我们俩坐在暖和的房间里，用话语引诱你，你一定会受不了寒冷进屋的。"这样，画家还在想着从屋外进屋里和从书房到外面是一样的，却在不知不觉间上当了。

珍贵的剩酒

酒柜里面陈列的虽然是剩酒，但都是各国的名酒，这无疑显示了这家酒店的客人的档次，无形中也就体现出了酒店的身份和地位。

书商的智慧

书商这次没得到市长的评价，但他在宣传的时候说："这是一本连市长都无法做出评价的好书。"这样就扭转了市长原本的意思，变不利为有利了。

朝哪边的多

将画上的小狗按照从左向右为一对圈起来，这样最后剩下的一条小狗如果朝左边，就是朝左边走的小狗多；如果朝右边，说明朝右边走的小狗多。

着火时的选择

很多人会说应该抢救最为贵重的那件，但正确答案是离门口最近的那件。因为当时你正身处门口，拿走门口的那件成功的概率最大。如果去拿别的，很可能不但救不出文物，连自己也葬身火海。

巧过桥洞

既然没办法卸掉货物，那么只要增加船的重量，让他下沉3厘米之后再开船，就能顺利通过桥洞。他们只需要让岸上的人运来一些大石块到船上就可以了。

小狗赛跑

两条狗都不会流汗。因为狗的身上汗腺十分不发达，如果你仔细观察就会发现，狗在炎热的夏天就会伸出舌头，那是它们散热的方式。

喂　熊

动物园里不会有熊挨饿，因为动物园里本来就只有两只小熊仔，它们吃10千克肉已经足够了。

分辨水和毒液

大臣将自家的井水分别滴在了两个杯子里面，能够相溶的那杯就是水。

螃蟹比赛

黑色螃蟹会赢得比赛。因为红色螃蟹已经被煮熟了，不可能再动弹了。

不让座的文明城市

很简单，没有人给孕妇让座不是因为这里的人们不再讲礼貌了，而是因为车上还有很多空座位。

不受影响

小明的爸爸双目失明了，他读的报纸是专门给盲人读的，他使用双手"读"报纸，所以停电对他来说没有任何影响。

偷萝卜的野兔子

不要着急回答野兔子全部被枪声吓跑了，上面清楚地说打死了两只野兔子，所以萝卜地里面还有两只野兔子。

毛毛的家庭作业

妈妈做了一个弯曲的动作，这就是在提示毛毛，只要将纸折叠一下，就能非常轻松地从一面爬到另外一面了。

杰克的头发

杰克昨天刚刚剃了光头，所以他没有头发被淋湿。

谁的孔雀蛋

很简单，这枚蛋应该属于那只孔雀。

奇怪的惯偷

惯偷在有利可图的时候不下手，说明那辆车根本就是他自己的。

比赛规则

因为比赛规定：只允许"狗刨"，不允许"蛙泳"。

反常的人

很明显，只要是正常的人在这个时候都会很自然的回家避雨。那个人却一反人们的习惯，这说明很可能不是一个人，只是一个稻草人。

行车速度

张涛只要按照12千米/秒的时速就能

准时到场参加聚会了。

几个人吃饭

一起吃饭的一共有10个人。

分辨金和铁

虽然两个小球的质量相同，但是由于它们的材质不同，所以比热容也一定不同，将它们加热到同样温度后，它们所吸收的热量也不同。只要将它们加热到相同温度，然后再将它们同时放进一杯清水，水温上升快、温度高的那个就是小铁球。

重组铁链

小杨并没有将每个铁链都砸开一个铁环，而是将一条铁链的3个铁环全部砸开，然后用3个铁环将剩下的4个铁链连在一起就可以了。

遇到多少司机

车队一共就20辆车，现在只有吉米在休息，说明其他车都在路上，那么吉米一路上应该遇到了19位司机。

多了几个人

通过上面的描述可以得知，9个商人四天的水现在等于所有人3天的水量，经过推算得知，他们增加了3个人。

头上的证据

客人说自己在这里居住了半个多月，头皮的分界处和面部都会受到日光的照射，那么当剃光头发后，光头上就会出现一道深色的分界线，这样就能确定这位客人是不是嫌疑人。

空着的手提包

通常歹徒抢钱都比较仓促，会直接抢

走装钱的手提包，不可能有时间把钱一捆捆从里面拿出来，所以小丽在说谎。

悬赏启事

因为丹尼尔在寻物启事上忘记写地址，而维特却能拿着怀表直接找到家里，这说明他就是盗贼，所以，丹尼尔要报警。

第六章　异想天开，挑战高智商

雅克种树

先画一个正方形，然后在正方形的上下两条边的中点上面种树，接着在正方形的四角种树，最后一棵树种在正方形对角线的交点上。

小黑过通道

小黑先将小石子从凹洞里面拉出来，接着让蚂蚁爷爷先进到凹洞里面，自己将小石子往前面推一点越过凹洞，然后让蚂蚁爷爷从洞里出来走出通道，最后，小黑将小石子往回拉放回凹洞里面，自己再过去就可以了。

王子分饼

3张饼被划了4刀一共是24块，每人分2块；剩下的4张饼划3刀，一共分成24块，也是每人分2块。

酒瓶的体积

虽然只有一把普通尺子，但是也可以测量出酒瓶的体积。首先测量出瓶子底的面积，然后测量葡萄酒的高度，记为P1。接着将酒瓶倒置，测量出从瓶子底部到葡萄酒水平面的高度，记为P2。将P1和P2相加，最后乘以瓶底的面积，得出的就是酒瓶的体积。

书页画点

二王子只是轻轻用笔在书的侧面横着画一条直线，这样每页纸上面就留下了一个小点。

发号施令

其实，只要不用一种"信号"就可以了。组长只要一边喊口号，一边用手触摸一下被堵上耳朵的人，就可以同时让大家接收到起跑的信号了。

聪明的国王

B国国王下令将全国的公狗全部阉割，这样经过几年，国内的老狗死掉了，也不会再有小狗出生。

巧躲影迷

警示牌上写着："庄园内草木较多，里面有毒蛇，请各位来宾小心。因为最近的医院也在30千米之外。"

商人戏土匪

克里夫对土匪说："一会儿我用自己的弓箭分别向着东西方向射一箭，你们两个人分头去追，谁能够最快回来，谁就分得多。我保证射箭的时候，绝对会公平。"

百货商场

经理告诉售货员，让他在一边倒立，这样他的肚脐就长在了腿下边，也就达到了法国人的要求。

不孝子

孙明对自己的父亲说："好吧，你

把他们扔下山吧，不过不要忘记把竹筐带回来，以后我还得用竹筐把你扔下山呢。"

博士的妙语

史密斯对那位同事说："反正现在所有人都认识我了，我穿什么有关系吗？"

宫殿的新旧

查理对国王说："您只要将宫殿的钉子拔下来看一下就知道是不是新建的了。如果是很久之前建造的宫殿，上面的铁钉一定生锈了。"

数兵器

那位士兵让所有的士兵先放下手中的兵器，然后听他的号令。他只需要喊一个口令，让士兵听到口令后拿一件兵器在手上，如果兵器剩下了就说明兵器更多，有人没有兵器就说明兵器太少了。

韩信点兵

韩信并不需要在锦缎上面画士兵，他只要在锦缎上面画一位坐镇帐中的大将军就足够了。因为大将军手下有无数的士兵。

漂亮的猴子

约翰回答说："当然，我们都是由猴子进化来的，只不过你的祖先是一位比较漂亮的猴子。"

聪明的助手

助手说道："你提的这个问题很简单，我想我的助手就能给你解答。"

昏睡的观众

约翰对亨利说："难道你没发现吗？这位观众就是昨天观看你的剧作的那位观众。"

诸葛亮的"魔法"

诸葛亮知道当时乱石坡上面的石头并不是普通的石头，而是具有"魔力"的磁石，于是让士兵摆放在道路两边。这样，当敌军路过的时候，身上的铠甲就会被磁石吸引，因此就会心生惧念，不敢继续前行。

当时的时间

1000小时2000分3000秒正好是1034小时10分。假设当时的时间正好是12点，那么再过1034小时10分正好是下午2点10分，所以，照样往后倒推2小时10分，也就是9点50分。

听钟声辨时间

判断何时是中午12点只需要55秒。这是因为从钟声开始响起到第十二下一共需要55秒。当大家听到第十二次的钟声，大家也就知道是12点了。

神奇的地方

这个神奇的地方就是南北两极。因为地球上的每一条经线都会最后汇集到南北两极，所以，你可以说钟表的指针上面所指的是任何一个地方的时间；并且国际日期变更线也是从两极经过，那里的日期也是不固定的。

数学老师的游戏

仔细想想就会明白，如果老师给同学们看的是同一张纸，那么同学们很可能是看了纸的两面，所以才会得出不同的结论。

狗和骨头

老张家的狗当时卧在狗窝的一边，老

张将骨头放在了狗窝的另外一边，这样看起来狗离着骨头有8米远，实际上只有3米左右，但是狗的绳子有5米长，狗只需要转到狗窝另外一面，就能轻易够到骨头了。

每天7封信

史密斯先生给他的7位朋友每天每人写一封信，所以他的朋友每天只能收到一封信，这没什么奇怪的。

适应力

杰克没有感到不适应，因为他根本不需要适应。他还只是一个婴儿，吃的是母乳，想睡就睡，并且不需要和别人交流。

唯一的幸存者

前面说得很清楚，约翰是地球上唯一存活下来的男人，那么地球上的女人还是存在的，所以，来敲门的自然是一个女人。

圣诞老人的问题

圣诞老人每年都会在午夜大家都睡着的时候来给大家送礼物，所以他要从床上爬起来，就必须先往袜子里面放自己的脚。

奇怪的病人

病人是一位聋哑人，他的病就是不能控制自己摇头。

勤快的老王

老王年纪大了，他的牙齿早就脱落，所以，他刷的是假牙，需要从嘴巴里面拿出来刷。

孙大爷的帽子

小赵是一位理发师，孙大爷到他的理发店去剪头发，所以必须摘下帽子。

不能丢掉的共同点

双方都在同年同月同日同时结婚和离婚。

最大的愿望

当然是希望自己早上忘记锁门了。

看开一点

因为杰克的父亲得了斗鸡眼的毛病，所以医生让他眼睛向着两边"看开一点"。

没写答案

因为布朗只是失聪，他的说话能力还是没问题的，所以他只需要说就回答上面的问题了。

唯一的幸运者

孙明并不是车上的乘客，他只是路过帮忙的好心人。

蚂蚁的能力

蛋蛋这只蚂蚁在和它的小伙伴玩游戏，它们在地图上爬，比赛看谁爬得远，所以它从东京爬到纽约是可以做到的。

警察的举动

马克身为警察，见到约翰又在偷别人的钱包，当然要跑上前去将约翰制服。

哪个轮胎不转动

汽车右转弯的时候，安装在车身上的四个轮胎都会转动，但是放在后备厢的备胎却不会转动。

不生虱子的狗

流浪狗虽然很脏，但它是一条狗，所以只能生狗仔，不会生虱子。

不能晚上吃的饭

晚上吃的饭叫作晚饭，所以，不能在晚上吃的饭当然就是早饭和午饭了。

怎样倒硫酸

史密斯先生可以往硫酸瓶子里面放一些玻璃小球，让硫酸液体的水平面正好达到10毫升的位置，然后再往外倒硫酸，当瓶子里面的硫酸液体只剩下5毫升的时候，倒出来的液体正好是5毫升的硫酸。

超速行驶

汤米并没有和奎恩一起出发，所以汤米后来开车追赶奎恩，这才导致他超速行驶。

如何传递信息

他们两家相距只有100米，史密斯只要冲着玛利亚小姐家里大喊就完全可以传达他的意思了。

稀世珍品

因为它是一幅壁画，即使小偷想要盗走也是不可能的，除非他能将整座艺术展览馆一起搬走。

挂钟报时

千万不要被前面众多的时间"标准"给糊弄了，仔细想一下，挂钟最多也就会敲12下，如果挂钟响了13下，那么说明挂钟报时出问题了，就应该叫工匠修挂钟了。

军人的天职

那个士兵只是一个吹冲锋号的号手，他根本没有配枪。

选择国王

因为只有后一个孩子是男孩，只有他才有资格做国王。

和爸爸一个名字

那位朋友是男的，他就是小孩子的爸爸，就叫斯蒂芬。

神奇的小狗

当时正是寒冷的冬季，河面上结了一层厚厚的冰，所以杰克是直接从冰面跑过来的，而且身上的毛也不会被沾湿。

第七章　语言思维，发现语言背后的秘密

逼上梁山

将这几句话的第一个字连起来读就是"卢俊义反"。

意外中奖

两条成语分别是：调虎离山和放虎归山。

巧妙应对无礼者

查理对那个人说："的确是这样的，但是如果我能长一张你这样的脸，那我绝对能拿双倍的工资了。"

聪明的反击

他对那位竞争对手说："一点也不，先生，从这里可以看到愚蠢。"实际上是在说那个人以外貌看人是件十分愚蠢的事情。

看动作猜成语

奶奶正盯着"针眼"想要把线穿过去，所以答案是"望眼欲穿"。

犹太人和驴子

海涅回答说："看来，只要你和我一

起到那个岛上面，它上面就什么都有了啊！"

莫扎特的告诫

莫扎特回答："当我10岁的时候，我可没有问过别人交响乐应该怎样写。"这即表明了自己拥有过人的天赋，又告诫了少年学习音乐也是需要一些天赋的，而且不能操之过急。

发表自己的意见

"我当然知道，但是我只是在摇自己的头。"这样，议员就不能反驳他了，不然丘吉尔就能用同样的话反驳他。

让　路

歌德对那人说："我和你刚好相反。"

不守诺言

第一次，女人很明确地说，如果不能选上，她的丈夫就会寻死，可是这次她又来求情，很明显她的丈夫没有履行自己的"诺言"，所以科佩就可以说："我已经履行了自己的诺言，可是你的丈夫没有，恕我这次不能再帮他的忙了。"

巧答匿名信

林肯说："我当上总统以后收到过很多匿名信，但是还从来没有收到过一封信，只有署名却没有内容的。"这样就有力地回击了恶意挑衅者。

巧语化尴尬

钢琴家对在场的观众说："看来今天来观看我演出的观众里面有很多有钱人，要不我怎么看你们每个人都买了两三个座位的票呢！"

谁更嘴馋

迈克反问说："你们几个连西瓜皮都吃了，咱们比比到底谁更馋啊！"

作家钓鱼

约翰对管理员说："你知道我是一位作家，我最擅长的就是虚构故事。刚才我说的话都是我虚构的，你可不要当真啊！我在这只是在找灵感罢了。"

爵士的称赞

爵士对这位小姐说道："没关系的，你只要像我一样说句假话就可以了。"

妙语戏警察

布朗摸着头上的大包说："真抱歉，我也是刚刚才到这里。"

医生骂人

财主没什么大毛病，只是被一口痰堵住了喉咙，让医生这样一气，他的痰连着血水就出来了，病自然也很快就好了。

改字释误会

小二对那位客人说："这不是你点的，是楼上客人点的。"

上桥与下桥

宰相解释说："上桥是指我们的国运一步高于一步；下桥是说我们的发展后面高于前面，所以，没什么好担心的。"

巧解抽象艺术

画家看着那位军人的女朋友的照片说道："天啊，难道你的女朋友只有这么一点大吗？"

巧妙的宣传

他在征婚启事上面写道："本人身家

过亿，希望找到一位像约翰小说里面的女主人公一样的女孩结为夫妻。"

秀才的谎言

王秀才张嘴就说："我的爷爷告诉我，你家里的财产是当初你的爷爷和我的爷爷一起购置的，后来你爷爷很早就死了，不过我爷爷还活着呢。现在我来拿回属于我的财产。"

冒名电话

接电话的人正好是真正的警察局长，他告诉亨利名字之后，亨利终于意识到自己的愚蠢，于是赶忙挂了电话。

不砍树的理由

李明说道："四四方方的院子里面如果只剩下人，那就是'囚'字，难道你想咱们家有人坐牢吗？"

去世报道

他说的后半句话是："只不过他们将日期提前了一些。"

凤凰飞翔

最后一句"向里飞"和"向李妃"同音，很明显是在说只有通过李妃才能加官晋爵。

挽救熊猫

选择C。

小球排序

按题干条件：（1）A、B＝C、D；（2）A、D＞B、C(隐含：D＞B，A＞C)；（3）B＞A、C。按此排序：D＞B＞A＞C。

高明的反击

我相信我正处于这两者之间。

运动会

吴参赛4次，吕同学因病没有参赛，可以知道吴与吕来自同一班级；孙和钱来自同一班级；李和张来自同一班级；赵和周来自同一班级；王和郑是一班。

狮羊同渡

（1）一只羊和一只狮子过河；（2）留下来狮子，羊返回；（3）两只狮子过河；（4）一只狮子返回；（5）两只羊过河；（6）一只羊和一只狮子返回；（7）两只羊过河；（8）一只狮子返回；（9）两只狮子过河；（10）一只羊返回，一只羊和一只狮子过河。

分岔口

走第三个路口，首先要充分肯定第三个路口上的话是真实的。如果说第一个路口上的话是假的，第二个路口上的话是真的，它们都不是通往迷宫出口的路，所以真正的路口就是第三个路口。

发　牌

一副扑克牌总共有54张，一共四个人，那么最后一张牌应该发给朋友左手的邻座，所以，那个发牌者只要把没发完的牌从最后一张开始由下往上发，第一张先发给左手邻座，然后按逆时针顺序把牌发完即可。

如此借口

海蒂在计算时间的时候重复计算了，比如说星期中的睡眠和吃饭的时间，上学时走路的时间，假期中的睡眠时间和吃饭时间等。

猜字母

将第一次猜的结果做比较，就发现

大女儿的判断和三女儿的判断有矛盾，其中必然一真一假。如果大女儿的判断是真，那么二女儿的判断也是真，这样就违背了"只有一个猜对了"的结论，所以大女儿的判断是假的，这样三女儿的判断就是真的，其余两个女儿的判断也是假的。二女儿判断违背事实，纸条上写的是B。

白芝麻与黑芝麻

刘芳是知道价格的，才把1元钱放在柜台上。这1元钱是零钱，是一张5角钱、两张2角钱、一张1角钱凑成的1元钱。如果她想要白芝麻，就应该不会把那1角钱放在柜台上。

猜年龄

甲2岁，乙4岁，丙3岁，丁1岁。

如果婴儿丙说的话是假的，丙就比甲年龄小，甲就是1岁，这不可能，所以婴儿丙的话是真的，就是甲不是1岁，丙比甲年龄大。如果甲说的是真话，就是乙3岁，甲比乙大，甲4岁，这与上面的分析矛盾，所以甲说的是假话，乙也不是3岁，甲比乙年龄小。根据以上分析，可以得出结论。

不合格的钻戒

将12个钻戒分为A、B、C三组，每组4个。第一步：天平两端各放A、B两组4个钻戒。如果天平呈平衡状态，则坏钻戒必定在C组的4个钻戒中。第二步：在天平一端放A组3个好钻戒（A1，A2，A3），然后将C组4个中的任意3个（C1，C2，C3）放在天平的另一端。此时，如果天平继续呈平衡状态，则坏钻戒必定是C4。第三步：从已知是好钻戒的11个钻戒中任取1个，将其与坏钻戒C4分别放在天平两端称一下，便可

以称出坏钻戒的轻重。

四面八方的游客

艾美、阿曼达是英国人，安妮、贝蒂、卡瑞娜是西班牙人。

淘气的小贝

作业本在中间的抽屉里。

求 婚

老大、老四和老五结过婚，说假话；老二和老三没结婚，说真话。

三个好朋友

首先，甲不是水星人，因为水星人只说真话，如果他是水星人，他就不能说自己"不是水星人"，而且，甲也不是火星人，否则他说的"我不是水星人"就成了真话，而火星人总是说假话的，所以甲只能是木星人。再看乙，乙不可能是木星人，他也不可能是火星人，否则"我不是木星人"就成了真话，而火星人是不说真话的，所以乙是水星人。两个已经确定，剩下的丙就是火星人了。

生死计量

晏殊是按属相来计量的，假如说蛇年不论生多少人，都只能属蛇；可是不论死多少人，都离不开这十二属相。

排 名

8个人的名次顺序排列如下：甲、乙、王、李、丙、丁、张、赵。

4减4等于12

可以拿一块方形饼干做实验，顺次在它的4个角上各咬一小口，每咬一口，在饼干上留下一个三角形的截面，咬了4口以

后，留下了4个三角形截面，饼干剩余部分就是一个12边形，也就印证了4-4=12的结果。

寻找绿茶

甲瓶子是酱油，乙瓶子是白醋，丙瓶子是绿茶，丁瓶子是雪碧。

小球排序

6个小球从左至右的位置依次是D、E、C、A、F、B。

寻找一家人

从（1）和（2）知道安妮、阿德莱德和艾米是一家人。从（3）知道，布兰奇和阿比盖尔是一家人，从（1）知道他们家有1个女儿即艾丽莎。剩下3个人安吉莉亚、阿普里尔和艾比自然是一家人。

结论与假设

选择A。

林家铺子

这句话是歧义错误，如果《林家铺子》指的是茅盾著作中的其中的一篇，那么一天就可以读完；如果是指整本著作集，当然不可以一天读完。

失踪的哥哥

凶手不会是哥哥，AB型和O型血型的人结婚不会生出AB血型的孩子。

可怜的搬运工

轮船之所以会离岸移开，是因为当搬运工在船尾向岸上搬运货物时，人将受到方向相反的反作用力，使船只向船头方向移动。

孪生兄弟出生日

哥哥是在2000年12月31日出生在一艘由西向东将过日界线的客轮上，而弟弟则是在客轮过了日界线后才出生的。那时的时间就已经处在2001年1月1日，所以，按年计算，哥哥要比弟弟早1年出生。

分辨矿石

可采用假设的方法推理出来。如假设甲的两个判断都对，那么乙、丙的判断有一个是正确的，与权威专家的结论矛盾，所以，甲的判断不对。以此类推，最后就会得出结论，丙的判断都对，这块矿石是铝。

分辨真伪

第一个题目中，正确的是结论（1）；第二个题目中，正确的是结论（2）。

鞋子的数量

李丽的鞋子最多，刘娜的鞋子第二多。

购　物

甲在一层买了一个水杯；乙在三层买了一条裤子；丙在二层买了一个旺旺大礼包；丁在四层买了一个MP3。

碑文的玄机

3个人。

谎言的破绽

如果确实如哈赛罗所说是在晚上听音乐时突然停电，同时发生了谋杀案，那么当电闸合上后电灯亮了，应该发出音乐的声音，寓所里不会是一片沉寂。

演员的角色

迈克尔扮演了售货员和企业经理；约翰逊扮演了教师和记者；詹姆森扮演了会计和律师。

第八章 类比思维，领略别样魅力

邮寄钥匙

王晓光将钥匙装到信封里面邮寄回公司，这样信被投入公司的信箱里面，钥匙自然还是拿不出来。

高人指路

这位男士是一个盲人，他平时也不用眼睛看路。

两个玻璃瓶

将其中的一个瓶子装满水，然后倒入另一个瓶子。如果不能将另一个瓶子装满，那么另一个瓶子容积更大；能装满并溢出，则前一个瓶子容积更大；正好装满说明两个瓶子容积一样大。

突然停止

小王的公司在办公楼的高层，他需要坐电梯上去，所以站在电梯间一动不动。

不是好妈妈

因为房间里面不只有山羊妈妈，还有山羊爸爸，但是说话的是山羊爸爸，所以它当然不是好妈妈了。

暴力事件

那位女士当时突发心脏病晕死过去，男人正好是一位医生，于是对女士加以抢救，然后将她送去医院。

考试作弊

两张考卷都是空白的，当然一模一样。

走出车厢

当时王经理坐在商务舱，他打开火车的一节车厢的门，走到了另外一个车厢里面。

交通处罚

20多年以前，马克驾车出了车祸，后来就再也没有开过车，所以，没有发生车祸，不会有任何对他的交通处罚。

上班的决心

马林的父母无数次的请马林外出去上班，但是马林一直没有找到工作。

高明的说谎者

C项是正确答案。题目中的推理过程是：高明的说谎者不会被发现在说谎，一旦被人发现他是在说谎，即证明这个说谎者的谎言并不高明。C项中的推理过程是：高明的伪钞制造者所制造的伪钞不会被人发觉，一旦被人发现钞票是伪造的，即证明这个伪造者的伪造手段并不高明。

自己的事业

C项是正确答案。题目主旨在说，如果你想让别人知道你在某一方面非常优秀，那么你必须要学会不断地进步提升。C项是在说，如果能在一方面比别人强，就一定能获得成功，这种判断显然太过肯定。

车间主任的理论

C项是正确答案。题干中，车间主任犯了"诉诸无知"的错误。他假定某人有罪，要求当事人自己拿出证据证明自己无罪。这本身就是和法律的原则相互违背的。C项中的表述正好也犯了这种类似的错误。他假定猜想是正确的，然后让当事人拿出证据反驳他的理论不成立。

犯错误

正确答案是A。题干中的说法正是认为一个人在做事情的时候，都会犯一些不可避免的错误。

面对恐怖袭击的态度

正确答案是A。题干说的是"非此即彼"的模式，A项正好符合。B和C都说的是同一件事情的两个极端，D的正反两方面并不是互补的一种关系。

合格的国际人

正确答案是D。根据题干，只有选项D符合题意。

手表的时间

正确答案是C。从左至右，每块手表上面的数字之和依次增加2。

找不同

正确答案是A。仔细观察对比，其他每一项的单词都是由相同的字母组成的。只有A与其他选项的字母组合不相同。

类比推理定义

正确答案是B。根据题干，只有选项B符合题意。

分拣员的成功率

正确答案是C。想要解除题干中的矛盾，就必须给小王分拣成功率不高找一个合适的理由。C项中的表述，正好能表明小王工作能力强，也解释了他成功率不高的原因。

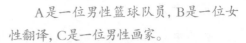
身份对号入座

A是一位男性篮球队员，B是一位女性翻译，C是一位男性画家。

A是色盲，所以他不能成为画家；B患过小儿麻痹症，所以不会是篮球队员；C患有口吃的毛病，所以不会是翻译。

从小孩观看篮球时候说的话能判断出，A是一位篮球队员，而且是一位男性，剩下的B和C分别是一个男人和一个女人。

画家将孩子放在了姑妈家中，所以画家一定是一位男性，翻译是一位女性。

C患有口吃，所以只能是画家。

最爱听的字母

大家都喜欢听CD，所以这两个英文字母就是C和D。仔细想象一下两者之间的相似关联，很容易就能找到答案。

惊人的相似点

（1）经常使用的扑克牌有52张牌（除去两张王牌），一年有52周；

（2）每种花色的扑克牌都有13张，而日历上对于每个季节的划分也都是13周；

（3）扑克牌一共有4种花色，一年正好有四季；

（4）一副扑克牌中有12张代表人物的"肖像画"（J，Q，K的数量），一年一共有12个月；

（5）红色的扑克牌代表白天，黑色的扑克牌代表黑夜；

（6）将J，Q，K分别看作数字，它们分别代表11，12，13，把大小王一起当作1，那么将牌面上的所有数字相加，得到的结果是365，正好是一年的天数。

回请亲戚

张某学着当初亲戚的话说道："你来得真不是时候啊，要是你能早来几个月，就能吃上鲜美的竹笋了。"

毛驴拉车

王小二对大汉说"我赶着一头毛驴还真爬不过这个坡"。听起来好像就是把大汉当成了另外一头毛驴，大汉一听，当然会生气了。

出神入化的笔法

书房门口挂着的门帘是书画家画的一幅画，但是这位表弟却一点没有看出来，还伸手去掀门帘，这说明书画家作画的水平已经到了出神入化的地步了。表弟自知不如，当然识趣地离开了。

演奏练习

上面的推理显然是没有任何根据的推论，当然是不正确的。古典音乐和现代爵士乐属于不同的音乐，不能一概而论。

前进还是后退

正确答案是C。根据题干的说法，前进有可能死得光荣，但却并不是肯定的，所以C项是符合上面题干的含义的。

飓风的产生

正确答案是A。因为题干的表述可以理解为时间A是时间B的原因，两者之间是因果关系。四个选项中只有A是一种因果关系。

类比错误

正确答案是C。C项和题干中一样犯了相同的逻辑错误，所以答案是C。

存在生命的星球

正确答案是C。题干中，推论是这样得出的：因为想要在宇宙中找到同时具备两个必要条件的星球是一件十分困难的事情，所以，地球很可能是宇宙中唯一存在生命的星球。

在哪里任职

正确答案是B。在两个人的对话中，王鹏否定了李想的说法，他认为隔壁班的班长应该是B公司的高级职员，原因是他从来只穿B公司的服装。在他的推断中缺少一个大前提，那就是选项B所说的内容。

继承权的问题

正确答案是B。题干中，王老汉曾经见到财主的女儿继承了她们家中的财产，所以认为长子继承权的说法是不正确的，显然，王老汉是将长子继承权理解为继承权的全部，忽略了女儿也具有继承权这样一个事实。

德国人和啤酒

正确答案是A。比较题干和选项，只有A和题干的模式一模一样，而且得出的结论也是不正确的。

案件线索

正确答案是D。因为从所给出的线索里面并不能看出A、B、C三个结果，而且从已知的线索来分析的话，可以看出有很多相互矛盾或者说不可能发生的情况，所以，一定是警察们收集到的线索出现了问题。也就是说一定有人提供了假线索。

相似词组（1）

正确答案是B。题目中给出的一组词

语每一个都包含在后面一个词语当中。只有选项B符合这个条件。

相似词组（2）

正确答案是C。题干中给出的三个词语从右往左看，正好是图书出版的流程，所以和这种顺序相同的就是选项C，从右往左看正好是房地产开发的流程。

相似词组（3）

正确答案是D。题目中给出的两个词语之间没有关联或者包容的关系，所给出的选项之中，只有选项D的两个词组之间没有交集，所以D是正确答案。

相似词组（4）

正确答案是C。题干中"考古"发现（即产生）"文物"之后将文物提供给"博物馆"。三者之间是一种第一项产生第二项并且将其提供给第三项的关系，所以只有选项C符合条件。

相似词组（5）

正确答案是C。题目中"设计师"有意识、有目的的创造了"服装"，"服装"是"设计师"意识以及思维活动加上社会影响的产物，所以能符合上述条件的只有选项C。

镜子的方向

想想我们的眼睛吧，因为眼睛是左右长的，而不是上下长的，所以镜子里面的我们只能颠倒左右方向。

国王的画像

第三位画师为了掩盖国王的缺陷，将国王化成正在开枪狩猎的模样。画上的国王，盲眼闭着瞄准，瘸腿倚靠在大石头上面，虽然画上的国王仍然存在缺陷，但仍旧是自强不息、英明神武的模样，国王自然非常满意。

朋友和汤

约翰对这些人说："这盆是猎人送给我的兔子的汤的汤的汤。"

铁环转几周

不要被表象所迷惑了。仔细读题目你就会发现，两个铁环实际上是一模一样的，它们的周长也是相等的，这样的话，那个移动的铁环走过的长度其实就是它自己的周长，所以它实际上只是旋转了一周，也就是自转了一周。

相反的观点

正确答案是B。根据题目，论述方式是：首先亮出观点，接着采用反问来反对这种观点。选项B正是使用的这种论述方式。

人工智能和飞机研究

正确答案是D。研究人工智能在题目中表述为一个过程，这就类似于飞机的研究与制造过程。

第九章　判断训练，掌握正确的思维规律

孪生姐妹的生日

姐姐出生的时候正好在2月28日接近凌晨，妹妹晚了几分钟，正好时间到了2月29日，所以，妹妹每四年才能过一次生日。当姐姐过第八个生日的时候，妹妹才过第二个生日。

聪明的海盗

这个海盗站在了第512的位置。

第一轮的时候，被扔下去的是1, 3, 5…599；

第二轮被扔下去的就是原来的2, 6, 10…598；

以此类推，最后能得出512。

天平称重

我们先来设想一下，使用1克和3克的砝码，我们就能够使用天平称量出4克的重量，也能够称量出2克的重量。

按照上面的原理，我们就知道，选择砝码的时候，要让几个砝码之间能够相互利用率达到最大，这样经过细致周全的考虑，就能得出我们最多需要4个砝码就能称出1~40克这些整克重量的物品了。这四个砝码分别是：1克、3克、9克和27克。这样加起来正好是40克。如果想称量其他重量的物体，就必须让它们之间相互配合。

比如，想要称量20克的物品，可以在左边秤盘放上1克和9克的砝码，右边秤盘放上3克和27克的砝码。

竞拍汽车

出价5001元最为有利。

如果自身出价5002元，对方出价5001元，这样一来买这辆汽车实际上就花了10 001元，即多花了1元钱。也就是说出价超过5001元是不利的。

反过来，如果出价少于5000元也是不利的。因为如果出价4999元，对方出价高于自身的时候，就亏了1元钱。

咖啡和牛奶

虽然经过了两次混合与搅拌，但是杯子中的总容积并没有改变。加进去的咖啡也必然排出去相同量的牛奶，所以，咖啡杯中的牛奶和牛奶杯中的咖啡是一样多的。

谁是撒谎村的人

想要做出正确的判断，露西说的那句没有被听清的话是关键点。如果露西是撒谎村的，她会说"我不是撒谎村的"，如果她确实不是撒谎村的，她也会说"我不是撒谎村的"。

艾玛的话证明，她如实地复述了露西说的话，所以艾玛没有撒谎，她不是撒谎村的。

安娜咬定艾玛是撒谎村来的，这说明安娜是在说谎。又因为只有一个人是撒谎村的，所以，只有安娜是撒谎村的。

蔬菜的营养价值

正确答案是D。

按照题干中所说，可以为四种蔬菜的营养价值做一下排序：

甘蓝>菠菜，绿芥蓝>莴苣。根据选项A排序：绿芥蓝>菠菜，得不出其他结论；根据选项B排序：甘蓝>菠菜>绿芥蓝>莴苣；根据选项C排序：甘蓝>菠菜=莴苣；根据选项D排序：甘蓝=绿芥蓝。

童话书

这本童话书的价格是5元。哥哥的存钱罐里面没有钱，弟弟只有4.9元。

村子里的医院

满足村民们的要求建造一家医院是

十分可能的。这些村民如今是沿着一条公路整齐排列的，所以可以将所有的住户连接成一条直线，这样一来，只要在中间住户附近选一个点建造医院，就能使所有村民到达医院的距离之和最小。

热胀冷缩

小明说的是错误的，将硬币加热之后，硬币的小孔会变大。

我们可以将被钻了孔的硬币看作是一个长条形的金属弯曲成的一个环。当受热之后，金属环会因为受热伸长，所以无论是铁环的内径还是外径都会变大。

我们可以想象一下安装车轮的时候，将车轮加热，然后上到轴上面就是这种原理。

旗杆的距离

其实这个很好判断。

首先绳子垂下来后，离地面只有2.5米，绳子底部到旗杆顶端的垂直距离应该是7.5米，正好是绳子长度的一半，所以说，绳子是对折着挂在两根旗杆上的，也就是说两根旗杆之间根本就没有距离，它们是并在一起的。

互联网狂躁症

正确答案是C。这一选项认为造成互联网狂躁症的原因是时间限制，但是事实上，有很多国家的互联网是不收费的，有一些收费也很低廉，所以这一论据是不成立的。

最少几个人

根据艾米丽所说，这家最少有7个人。

正确的按钮

门铃按钮是从左边数第五个，如果F表示按钮，那么六个按钮在门上排列的顺序就是DECAFB。

作案时间

真正的作案时间是夜里12:05.从最快的手表（12:15）中减去最快的时间（10分钟）就是真正的作案时间。

作家的生卒年

这位作家出生和死亡都在19世纪，所以应该是在18XX年；

他出生那一年四个数字之和是14，所以最后两位数相加应该是5；

又因为，作家去世那一年十位数是个位数的4倍，所以最后两个数字只能是1和4；

所以可以推知作家生于1814年，去世于1841年。

射门训练

训练中，他们射中次数的排名为E、B、A、D、C。

真假话游戏

正确答案是D。马克和莱恩的话正好是相互矛盾的，他们两个人所说的必然是一真一假。又因为，四个人所说的只有一个人是真的，所以杰克和凯西的话也一定都是假的。也就是说，杰克今天带了巧克力，凯西今天没带苹果，所以正确答案是D。

趣味扑克

玛丽和亚当说的是正确的。

当时桌子上一共有20张牌，一共有3种花色。如果平均算来的话，每种花色应该有6张左右，所以三种花色的牌不可能全部少于6张，至少要有一种多于6张；三种花色至少每一种花色都有一张，所以说任意两种花色的牌都不会多于19张。

外星文明

正确答案是A。根据题目要求，需要对火星上曾经存在生物这一说法提出挑战，因此提出的理由必须能够说明火星上发现的生命迹象并不一定来自火星，所以正确的只有选项A。

新手表

艾琳家里的挂钟比标准时间快5分钟，这是标准的5分钟，艾琳的新手表比家里的挂钟慢5分钟，这是不标准的5分钟，这两个"5分钟"是不一样的，所以说艾琳的新手表是不准的。

火车相遇

当两列火车错车的时候，它们和小县城之间的距离是相同的。

期货市场

正确答案是C。根据题干，当粮食产量下降的时候，粮食期货价格会上升，所以C项中广泛传播的病菌很可能影响粮食产量，造成粮食期货价格上升。

世界级选手

正确答案是A。周末和元旦相连的时候，最多也只有两天，所以一个人没有任何身体不适的情况下，如果连续三天每天游泳一小时，他一定不是世界级的游泳选手。

选项B中所说的受伤痊愈的那一周，可能包含痊愈前6天和痊愈后一天，而痊愈后的那一天也很可能是元旦，所以选项B描述的人也可能是世界级的游泳选手。

选项C中的周二可能正好是元旦。

选项D和题意没有关系。

未举办的画展

这个推理认为，组织者说过，一旦天气不好或者买票人少其中一个原因成立，将会导致画展被取消的结果，所以，画展被取消一定是因为天气不好或买票人少这两个原因之一，既然不是因为买票人少，那么就一定因为天气不好。

疲劳基因

正确答案是D。一旦科研人员发现了导致人体容易疲劳的基因，那么只需对症下药就能将这项技术应用在疾病的治疗上。

老实的农夫

只要是逃犯就一定会说谎，所以，假如第三个人是逃犯的话，他在转述第二个人的话的时候，一定会借机陷害第二个人，但是他没有说第二个人不是农夫，所以他说的话是真的，他就是真正的农夫。

传统艺术

正确答案是C。根据题干，只有选项C符合题意。

圣子的身份

探险家的判断是不对的。因为圣子是相信人性本善的，按照两个部落的习俗，他的母亲应该是神善部落的人，所以，探险家的判断是错误的。

青少年驾车

正确答案是C。根据题干，只有选项C符合题意。

景区的天气

正确答案是D。根据题干，只有选项D符合题意。

穿衣习俗

正确答案是D。不一定所有穿黑衣服的就是B村的，但是穿黑衣服一定不是A村的。

奇特俱乐部

四个人中一定有老实人，因为如果四个人都是大骗子，那么谁也不会说"我们四个人全是大骗子"。只有第四个人是老实人。

高级证书

正确答案是C。根据题干，只有选项C符合题意。

致命病毒

正确答案是C。根据题意，所有和病毒感染者接触过的人都和玛丽接触过，所以，被隔离的人里面可能有人接触过玛丽，但没接触病毒感染者。

木板条的秘密

正确答案是D。D项说明，越是细长的木板条越是昂贵，只有富贵的人才会使用细长的木板条铺地。

强健的体魄

正确答案是B。B选项如果成立，就证明没有足够的奶制品作为钙质摄入的草原人也能够拥有强健的体魄，所以，题目中的论断就会被削弱。

水下古城

正确答案是B。根据题干，只有选项B符合题意。

推翻原结论

正确答案是C。其他选项都总结出了最高限额，这样一旦有新的数据加入，原来的统计结果自然就不成立。只有C项没有给出上限，所以不会受到影响。

旱鸭子游泳

艾米丽没有说谎。她游泳的湖泊应该是死海。死海湖水密度很高，人能够漂浮在上面，而且死海位于海平面390米以下，所以艾米丽可以很轻易地潜到海拔390米以下。

编程专家

正确答案是D。题干中只是说很多综合性大学都在培养计算机编程专家，但不是所有综合性大学都在培养，有一部分编程专家不是毕业于综合性大学的，所以说A、B、C都是错误的。

"少儿不宜"的策略

正确答案是A和C。三个选项中，只有选项B与题干意思不符。

第十章　综合思维，拓展你的思考范围

狙击手的代号

狙击手A的代号是老虎，狙击手B的

代号是老鹰，狙击手C的代号是毛猴，狙击手D的代号是黑马，狙击手E的代号黑狗。

到达顺序

他们到达迪士尼乐园的先后顺序是DECAB。

根据题目给出的"E在D之后第二个到达约会地点"，我们可以很容易地得知，D和E分别是第一、第二个到达迪士尼乐园的。从B紧跟A到达可以得知，两者的顺序是：AB。又因为C不是最后到达，他和AB的排序是CAB，所以，五个人排序是DECAB。

奇怪的习惯

根据（1）和（2）我们可以得知，如果小王点火腿，那么小赵和小孙一定都会点猪排，但是这样就会和（3）矛盾，所以，小王只会点猪排，再根据（2）就可得知，小孙点的只能是火腿。

可以自由选择的只能是小赵，只有他可能昨天点火腿，今天点猪排。

O型血液

正确答案是D。根据题干，只有选项D符合题意。

四个菜园

正确答案是B。四个菜园里面种植的菜实际上是一种甲<乙<丙<丁的关系。

各自的职业

科尔是警察，史蒂夫是木匠，米勒是医生，卡尔是农夫。

通过"科尔送女儿到医生家看病、史蒂夫是医生的妹夫、农夫还没结婚"这几条线索可以得知，科尔和史蒂夫都不是医生，也不是农夫；米勒经常去农夫那买鸡蛋和鸭蛋，所以米勒也不是农夫，只能是卡尔是农夫；史蒂夫和警察是邻居，而史蒂夫既不是农夫也不是医生，所以史蒂夫只能是木匠。科尔、史蒂夫、卡尔都不是医生，所以米勒是医生，科尔就只能是一位警察。

吵架的兄弟

按照上面说的，三郎不愿意和五郎坐一起，所以，他的邻座就只能是一郎和六郎；前面三个人的座位定下来之后，剩下的几个兄弟就只能有一种做法了：二郎只能坐在三郎的对面，边上是四郎和五郎。他们在圆桌上的顺序是一郎、三郎、六郎、四郎、二郎、五郎。

谁是受伤者

受伤的人是安迪。

根据A、E的描述，受伤者是有妻子的，而卡姆是单身，所以伤者一定不是卡姆；根据B可知格尔平安无恙；根据E，受伤者不是马克；根据E，马克的妻子是受伤者的妻子的姐姐，再加上C的线索，得知受伤者没有女儿。而根据D可知，菜西是有女儿的，所以，受伤者也不是菜西。这样说来，不幸的受伤者只能是安迪了。

快速牵牛

为了最大限度地节约时间，需要让甲和乙、丙和丁同时走，每次从新宅子往回走的时候，就要骑着较快的牛，最好就是甲。

所以，最好的顺序就是：

（1）将甲和乙牵到新宅子，骑着甲回老宅；

（2）把丙和丁牵到新宅子，骑着乙回老宅子；

（3）最后将甲和乙牵回新宅子。

难得相聚

如果是晴天，就让A、C去B家；如果是阴天，就让A、B去C家；如果是雨天，就让B、C到A家。

大脚国和小脚国

首先，商贩在大脚国买10元钱的东西，然后付钱的时候付给老板100元，这样，老板就会找回90元。这个时候要求老板找给他小脚国的纸币，老板就必须找给小商贩100元小脚国的钱。

接着，拿着百元纸币到小脚国买10元钱的东西，然后让老板找大脚国的纸币。

这样重复下去，商贩一定能大发一笔。

分离碎屑

第一步，用筛子把豆子筛出来。

第二步，用磁铁把铁屑吸出来。

第三步，将剩下的混合物倒进水里，这样木屑就会浮在水面上，将木屑弄出来晾干。

第四步，将水倒入容器，留下的就是沙子。

第五步，将容器里面的水分晾干，溶化在水里面的盐就会慢慢被晒出来。

沙漏计时

开始煎牛排的时候，将两个沙漏同时倒放过来，这样沙漏就都开始计时了。等7分钟的沙漏漏完的时候，正好11分钟的沙漏里面还剩下4分钟的沙子。

将7分钟的沙漏再次倒置，等11分钟的

沙漏漏完的时候，7分钟的沙漏里面应该还剩下3分钟的沙子。这时候，将7分钟的沙漏倒置过来，沙漏漏完的时候，正好是15分钟。

物理老师的魔术

用大头针将火柴固定在软木塞的最上端，使软木塞浮在水上，保持火柴不会被浸湿。

将火柴点燃，然后把烧杯倒扣住软木塞，等烧杯中的氧气被消耗光的时候，水就会进入烧杯。

巧称体重

老爷爷先让三个人都站到磅秤上面，然后称出他们体重的总和。

接着分别称出杰克和亨利两个人的体重，前后相减，得出的就是麦琪的体重。

像这样再称两次，就能称出其他两人的体重了。

装错的水果

老赵只需要打开贴着"混合"标签的那个箱子，从里面拿出一个水果，然后就能分辨出其他两箱是什么了。因为三个箱子的标签都贴错了，只要能知道"混合"里面装的是什么水果，那么其他两个箱子里面装的是什么自然就清楚了。

两难的选择

很明显，杰克的目的就是能和丽萨单独相处，而医生和病人的目的就是赶到医院。那么，杰克只需要将车交给史密斯医生，让他开车带着病人去医院，自己留下来陪丽萨，两个人就能独处了。

诸葛亮的计谋

诸葛亮对老师说："刚才我杀鱼的时候发现，这条鱼早就死掉了。我知道死鱼做出来也是不好吃的，于是在蒸熟的鱼上面抹了很多毒药，准备回来的时候放到老鼠洞门口，没想到还没等我回来老鼠就已经把鱼吃了。"

省时间的方法

宫殿的后面有一条大河，负责人命令士兵挖一条围绕着宫殿原址的大沟，引河里的水进入。这样，运送石料和土就容易很多。将宫殿建成之后，将所剩的废料再填入挖开的大沟里面，一切就全部恢复原样了。

空头支票

由题干可以知道，这些推断的前提是如果想当选就要迎合选民以及只有开出许多空头支票才能迎合选民，因此可以得出结论：要想当选，就需要开出许多空头支票。故而，正确答案是选项C。

几种组合

从题干中得知，要求两个不同的数相加之和大于10，不用考虑顺序。

那么存在下面这些可能：

8+7,8+6,8+5,8+4,8+3,7+6,7+5,7+4,6+5，一共是9种方法。

拿纸牌的方法

一共有3种不同的拿牌方法。

首先，从题干中得知，要求三张纸牌上数字之和为9，不考虑顺序，所以9和9以后的都不用考虑了。前面的能符合要求的组合有1+2+6，1+3+5，2+3+4。

两种龙蒿

正确答案是C。从题目中的叙述可以得知，中国龙蒿在成长的过程中是不会开花的，不开花自然也就不会结果和长种子，所以，中国龙蒿一定不是由种子发育而来的。

高中同学的聚会

正确答案是A。根据（1）（3）（6）的细节，得知作家并不是中文专业和机械专业毕业的，所以他一定是化学专业毕业的；结合细节（4）（5），得知乙不是化学专业或者机械专业毕业的，所以乙是中文专业毕业的；再根据细节（4），就可以得知丙是化学专业毕业的，所以丙是作家；从细节（2）可以得知，机械专业的毕业者不是后来的大学校长，所以乙是大学校长；最后，甲就是机械专业毕业的，后来作了市长。

试点实验

正确答案是D。根据题干，只有选项D符合题意。

参赛人数

参加这次摄影比赛决赛的摄影爱好者一共有55人。

由题干可知，40人不是甲市的，38人不是乙市的，那么40个不是甲市的人里面肯定有人是乙市的，38个不是乙市的人里面肯定有人是甲市的，所以，既不是甲市也不是乙市的摄影爱好者的人数就是：（40+38-32）/2=23（人）。

所以最后参加决赛的人数就是：32+23=55（人）。

关于"俗"的争论

正确答案是D。很明显，王女士是因为接触了认识李琳的人之后才否定了自己之前的观点，所以她一定是不认识李琳的，而且，如果王女士和李先生两人中间有人认识李琳，他们早就可以直接拿出证据证明对方是错误的，完全不必进行这样长久的争论，所以D项一定是错误的。

文化的内涵

正确答案是C。仔细读这段话，其他选项都很清楚写在这段话里，但是C项的意思正好与这段话相反，文中也没有明确表示这种可能性的关系，所以一定是错误的。

健康饮食

正确答案是B。根据题干，假如一个人只增加进食次数，不增加进食总量，则他的胆固醇水平会大大下降。然而大部分的人进食次数增加之后，进食的总量也会增加。这样，再增加次数的同时也就增加了进食的总量，因此胆固醇水平也就不会明显下降，所以说，只有不增加进食总量，才能降低胆固醇水平。

奇特的餐厅

正确答案是D。根据题干，已知的前提是"所有女员工都不是河南人，所有厨师都是河南人"可以推出"所有女员工都不是厨师"。选项D说的是"女厨师"，很明显和题干有冲突，所以D项如果成立，那么题干中一定有条件是假的。

遗传规律

正确答案是A。李老师的意思是说，父亲是A型血，母亲也是A型血，那么他们生出的孩子就一定是A型血。

赵阳认为，他的父亲是B型血，但是他是A型血。这明显不符合李老师的意思。

所以，赵阳一定是将李老师的意思理解为"只有A型血的人才能生出A型血的孩子"。

动物幼儿园

第一排坐的是小花、小邱和小咪；第二排坐的是小兰、小黑和小虎。

电视机的音量

正确答案是A。从题干中的描述可以得知，李明的父亲在看报纸的时候没有责怪李明的弟弟，所以可以得知，电视机的声音并没有影响爸爸看报，自然也就不会影响李明看书。

如果A选项成立，那么说明电视机的声音太大，导致爸爸带着隔音效果好的耳塞，这样避免电视机给自己带来的影响。如此一来，弟弟说没有影响到李明是根本不能成立的。

天气预报

正确答案是A。在做天气预报的时候，不能只将预报结果局限于某一地方某一时刻的天气情况，而应当纵观全局，做一个系统的把握。笑笑的错误就在于选项A所说的，她只关注某一次的准确性，但是忽略了整体的准确性。

旅游怪现象

正确答案是D。根据题干，只有选项D符合题意。

选标结果

正确答案是D。如果A公司的员工是对的，那么C公司的老总猜测的也是对的，但是题干最后说只有一家公司的人猜对了，所以A、C公司的人员猜得不对。如果B公司的员工猜对了，那么不是B就是C公司中标，假设C公司中标，那么B和C公司的人员都猜对了，也不可能，所以B是不对的。如果D公司的员工猜对，那么不和任何人说的话相矛盾，所以D公司员工预测正确，D公司中标了。

箱子里的宝石

第二个和第三个药童说的是正确的。

因为箱子里面一共有99颗宝石，所以第三个药童说的话必然是对的。

如果第一个药童说的是真的，那么可以假设白色的宝石只有32颗，红色的宝石有32颗，蓝色的宝石就必须有36颗，则三种颜色最大相差有4颗，所以，他说的是错误的。第二个药童说的是正确的。

一句话的含义

正确答案是D。A项很明显地曲解了"万物"的含义，肯定是不正确的。B项将人类的地位凌驾于其他生物之上，这是有悖于和谐相处的理念的。C项将作为整体的人类和人类的个体相混淆，曲解了题目中"人"的含义。只有D项正确分析了题目中

那句话的含义。

国际化

正确答案是D。仔细分析这位董事长的话，他的意思就是"国际业务和净利润是成正比的"。在国际业务和净利润之间存在着一个连接它们的桥梁，只有找到这条桥梁，才能实现公司利润的最大化。

选项A、C和国际化没有具体的关系。选项B说的是现在500强的公司都在试图找到国际化的道路，而董事长所强调的是公司实际上国际化的差异。

只有选项D清楚地表明了这家公司和其他公司的内在差异，也就点明了其成功的原因。

医药公司的广告

正确答案是B。选项A、C并不是对题目中提出的观点的质疑，应该说是一种变相的肯定。

选项D所说的内容和题目所讨论的问题没有直接关系。

只有选项B的说法符合题意，因为利益关系，医生才会频繁对患者开出这样一种药品。

天使、恶魔和人类

说这句话的是露西。

假设这句话是露娜说的，那么露娜就说了真话，可是按照习俗，露娜作为恶魔是只能说假话的，所以，这句话一定不是露娜说的。假设这句话是安琪儿说的，那么安琪儿这次就说了假话，所以不可能是安琪儿说的这话。只有

既说真话又说假话的露西才能对陌生人说这句话。

买没买纪念品

正确答案是D。由题目中的线索可以知道情况（1）和（2）相互矛盾，所以两者之中一定有一个是假的。题目中说只有一种情况是真的，所以我们假设情况（3）是假的，那么情况（2）就是真的，情况（1）就是假的。这样正好符合三种情况只有一种是真的这个条件，所以，和情况（3）相反的D是真的。

青梅竹马的恋人

张凤是李大的新娘，张娟是李二的新娘，张芬是李三的新娘。

李大说要和张娟结婚，得知李大的心上人是张芬或者张凤。

张娟说她要和李三结婚，得知张娟的心上人是李大或者李二。

李三说要和张凤结婚，得知李三的心上人是张娟或者张芬，又因为张娟的心上人不是李三，所以，李三的心上人是张芬，李大的心上人是张凤，李二的心上人是张娟。

排座位

甲（中、英）、丙（英、法）、戊（法）、乙（法、日）、丁（日、中）。

保护森林

正确答案是D。根据题干，只有选项D符合题意。

稀有物种

正确答案是C。很明显，如果那种特殊植物能够通过插枝进行人工培育，那么它就不会变得十分稀有，自然也不会灭亡。

优秀射击手

正确答案是D。题目中，连长和一班长的话是相互矛盾的，他们两个人一定有一个人说的是正确的。如果一班长说的话是正确的，那么二班长说的也就可能是正确的，但是题目中又表明三个人中只有一个人说的是正确的，所以一班长和二班长说的一定是不正确的。只有连长说的是正确的。

比较总成绩

正确答案是B。从题目中得知，两人的数学成绩相同，那么可以将数学成绩排除在外，比较其他四门的成绩，如果王芳的最低分是70分，那么其他分都在70分之上，而李明的平均分低于70分，所以王芳的总成绩一定会高于李明的总成绩。

文物保护

正确答案是D。虽然不对这些文物采取保护措施会让这些文物遭到破坏，但是它们却能最为完整地保存住原本的信息。文中最后一句话就是说的这个意思。

失业率的高低

正确答案是A。张丽的说法中包含以下几点：

第一，5%的失业率是可以被大众接受的。

第二，只要一个人认识的人数达到20，那么其中就有可能包含失业者。

第三，在一些国家，90%的人所认识的人数达到20甚至超过50。

所以，根据张丽的这些说法，很自然可以推断出A项。

怎样站队

根据上面的说法，只可能有一种站

法：组织委员、学习委员、体育委员、宣传委员、卫生委员、班长、团支书。

派遣方案

派遣赵、王、孙、刘四个人去。